Dem Meister zum Geleit

In deinen Händen hältst du die erste Abenteueranthologie von **Die Schwarze Katze: Nachtgeheul.** Dieses Heft bietet dir Abenteuervorlagen für ein paar schaurige Abende mit Freunden, an denen ihr in die Welt düsterer Geistergeschichten abtauchen könnt. Denn Katzenaugen vermögen das zu sehen, was so manchem Menschenauge ein Leben lang verschlossen bleibt.

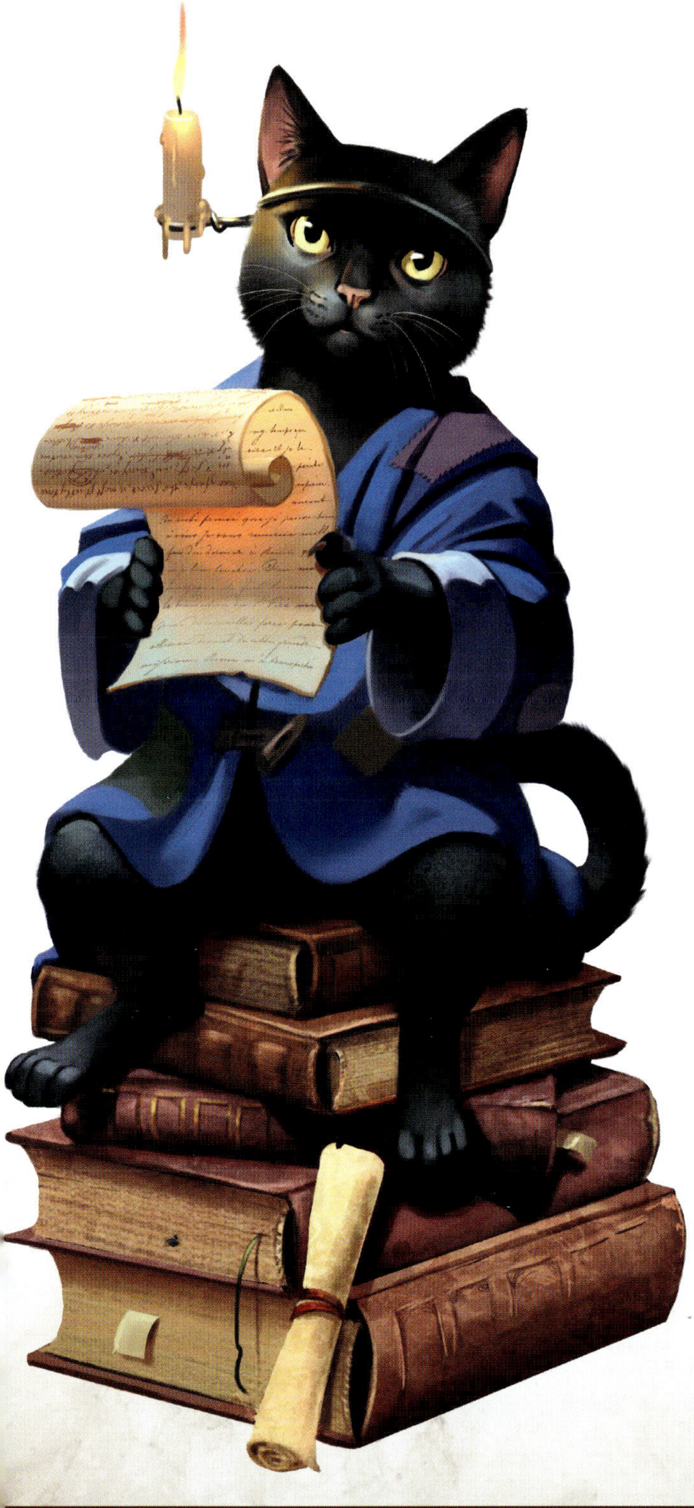

Bewohner Oberflurens erzählen sich zahlreiche Geschichten über das Haus des Alchimisten, sprechen von Schemen in der Nacht, von befremdlichen Lichtern und von Geräuschen, die jedem Bürger einen kalten Schauer über den Rücken laufen lassen. Allesamt Gerüchte, die den Halunken und Tunichtgut Pergrin Jast jedoch nicht davon abhalten, sich das Anwesen, das er sein Erbe nennt, unter den gierigen Nagel zu reißen. Wären da nur nicht tatsächlich seltsame Erscheinungen, Gestalten in der Dunkelheit, die das Haus scheinbar heimsuchen, regelrechte **Polternde Geister** ...

Jenseits des Spiegels ragen sonderbaren Gemäuer aus dem Wasser. An klaren Tagen, wenn man auf den Schwarzen Spiegel hinausschaut, kann man dort einen mysteriösen Turm sehen, der alles andere überragt. Kein Erwachter, der noch alle Glöckchen im Beutel hat, würde sich dort hinauswagen. Doch ein Pergament, das den Helden in die Pfoten gefallen ist, kündet von großem Reichtum für jene, die das Undenkbare wagen.

Um kleine Kätzchen davon abzuhalten, des Nachts das Nest zu verlassen, erzählen ihre Mütter ihnen das Spukmärchen um den **Hund von Orkendorf**. Niemanden wundert es daher, dass die Katzen von Orkendorf seinen Namen durch die Gassen flüstern, als sich eine grausame Mordserie durch das Stadtviertel zieht. Als sich dann nachts sogar Sichtungen und unheimliches Heulen häufen, braucht es tapfere Helden, die sich dem Schrecken entgegenstellen.

Mögen die Ahnen, insbesondere Zerzal, in diesen nebligen Nächten über dich wachen.

Wenn du eine bestimmte Szene für die Helden leichter machen möchtest, dann kannst du die Vorschläge dieses Abschnittes übernehmen.

Wenn du eine bestimmte Szene für die Helden schwerer machen möchtest, dann kannst du die Vorschläge dieses Abschnittes übernehmen.

Polternde Geister

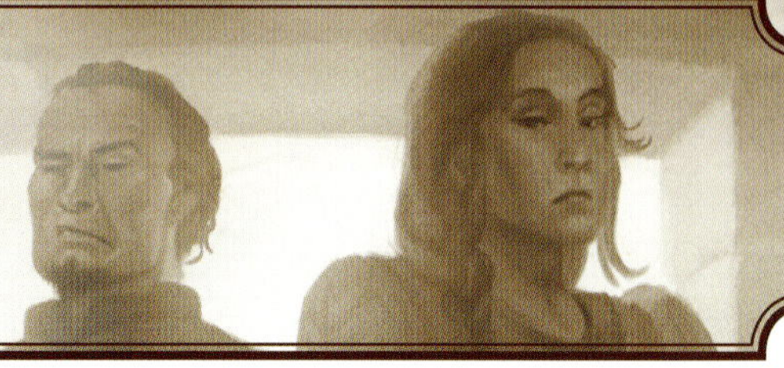

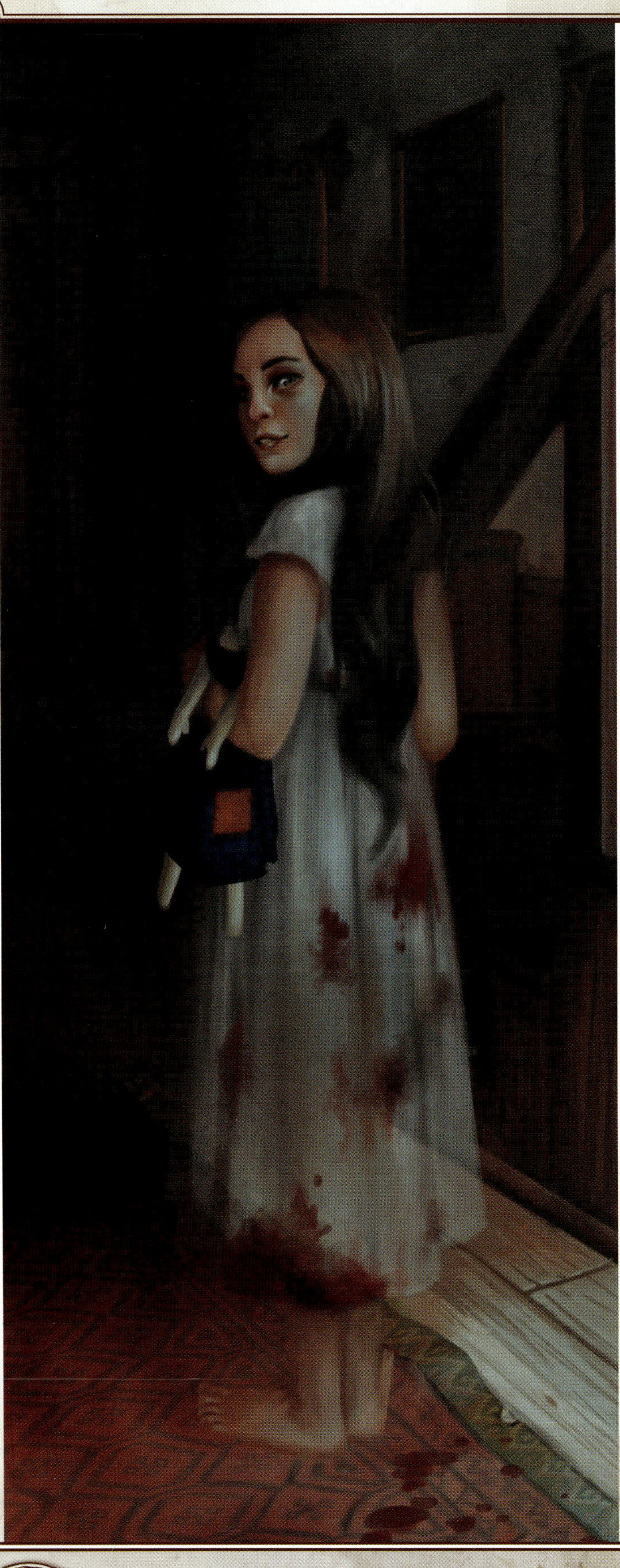

von Julian Härtl
Mit Dank an die Maus.

»Nein. Nein! Bitte, Liebste, verlass mich nicht. Bleib bei mir! Es wird alles gut werden, ich verspreche es dir! Ich bin hier, bei dir – ich finde einen Weg. Gilia. Gilia! Nein. Nein! Bitte, Gilia ...«

– Irion Gathris, kurz vor einem verhängnisvollen, letzten Kuss

»Was ist das für eine Welt? Wenn das Madamal so auf die Hausdächer scheint nachdem es geregnet hat, wie heute, sieht die Stadt aus, als wäre sie aus Silber. So schön. Aber so kalt. Wie Vater und Mutter. Warum passiert das alles? Ich vermisse sie so schrecklich. Ich will fliegen, wie ein Vogel. Dann fliege ich hinauf zu Vater und Mutter.«

– Gedanken der Mara Gathris, kurz vor einem verhängnisvollen, letzten Schritt

Das Abenteuer für den eiligen Leser

Stichworte zum Abenteuer: Einbruch, Erkundung eines Anwesens, Geisterscheinungen
Genre: Grusel- und Krawallabenteuer
Komplexität (Spieler/Meister): mittel/mittel
Erfahrung der Helden: Fortgeschritten
Ort: Havena, Stadtteil Oberfluren
Zeit: ab 2 HL
Heldeneignung: zu fiesen Streichen aufgelegte Helden
Wichtige Fertigkeiten:

●●●●○	Körperfertigkeiten
●●○○○	Gesellschaftsfertigkeiten
●●●○○	Geistesfertigkeiten
●●●○○	Handwerksfertigkeiten
●●●●○	Kampffertigkeiten

DAS ABENTEUER IM ÜBERBLICK

Was bisher geschah

Einst, vor fast einem halben Jahrhundert, wurde das Anwesen der reichen Familie *Gathris* im Stadtteil Oberfluren in Havena von *Irion*, *Gilia* und deren Tochter *Mara* bewohnt. Irion Gathris war ein ebenso erfolgreicher wie stattbekannter Alchimist, der seiner Zeit stets voraus war und fleißig an Innovationen arbeitete, die der Familie einen angenehmen Wohlstand ermöglichten. Sie lebten glücklich und zufrieden, bis zu jenem schicksalhaften Tag, an dem die Frau des Alchimisten, Gilia, von einer Reise aus dem fernen Grangorien zurückkehrte. Dort tobte 996 nach Bosparans Fall die *Blaue Keuche*, eine schreckliche Seuche, mit der sich die arme Frau angesteckt hatte. Irion war verzweifelt und arbeitete Tag und Nacht, um ein Alchimicum herzustellen, ein Heilmittel, das seine Liebste retten sollte. Doch auch die Medizin konnte Gilia nicht retten. An ihrem Sterbebett konnte Irion, unsterblich in seine Frau verliebt, auf einen letzten Kuss seiner Holden nicht verzichten. Ein Kuss, der ihm zum Verhängnis werden sollte. Er steckte sich mit der schweren Krankheit an, wagte es jedoch nicht, jemanden um Hilfe zu bitten. Erschüttert vom Tod seiner Geliebten und in Angst um seinen guten Ruf als Alchimisten, siechte er dahin und starb schließlich – all das unter den Augen seiner armen Tochter Mara, die, um die Tragödie zu vollenden, den Freitod wählte, indem sie sich aus dem höchsten Fenster des Anwesens stürzte. Die Geschichte sprach sich damals, vor mehr als 40 Jahren, in Havena herum und bald schon mied man das Anwesen, nannte es verflucht und erzählte sich Geschichten von den Geistern der Unglücklichen, die noch immer im Anwesen herumgeistern. Geschichten, die der Wahrheit entsprechen. Unwahr ist jedoch, dass die gefesselten Seelen unglücklich sind: Sie leben noch immer gemeinsam im Anwesen, Seite an Seite und unsterblich. Sie haben ihre Ruhe auf ihre eigene Art und Weise gefunden, sind eine Familie, die ihre Zeit miteinander verbringen kann. Nun aber, einige Wochen bevor die Helden das Anwesen erreichen, heckte der opportunistische Halunke *Pergrin Jast* einen Plan aus, um sich mit einem gefälschten Testament das Erbe der Familie *Gathris* zu erschleichen und reist mit seiner eigenen Familie nach Havena, um sich das Haus unter den Nagel zu reißen.

Was geschehen wird

Von einem Hund verfolgt, finden die Helden im Anwesen der Familie Gathris, das momentan noch herrenlos ist, Unterschlupf. Sie können das Haus erkunden und dabei allerlei Entdeckungen machen, die jedoch nicht alle harmlos sind. Noch dazu machen die Helden Bekanntschaft mit den Geistern der Gathris, die ihr Unwesen im Anwesen treiben und wenig begeistert von der Anwesenheit eines Rudels Katzen in ihren Mauern sind. Dann aber erreicht der Halunke *Pergrin* mit seiner Familie das Haus und macht sich dort breit. Ein Umstand, der den Geistern noch weniger gefällt als das Herumstöbern der vierpfotigen Helden unserer Geschichte. So werden die Helden von der Familie Gathris gebeten, ihnen zu helfen, die Familie Jast zu vertreiben. Selbst aktiv werden können die Geister nicht, fürchten sie doch das Ende ihres Familienglücks durch einen Exorzimus der Diener des menschlichen Totengottes Boron, welche die Jasts rufen könnten, sollten die Geister sich offenbaren. Also liegt es an den Helden, den Eindruck zu erwecken, das Anwesen sei verflucht. Doch nicht nur das, irgendwo vor den schützenden Mauern des Hauses liegt auch noch der Hund auf der Lauer, der die Helden erst in diese brenzlige Situation gebracht hat ...

DRAMATIS PERSONAE

Die folgenden sechs Charaktere sind wichtige Hauptakteure des Abenteuers.

Denke daran, dass die Darstellung der Sprache der Menschen eher durch Beschreibungen dargestellt werden sollte als durch wörtliche Rede. Nur Erwachte, die die Menschensprache als Sonderfertigkeit beherrschen **(siehe Regelwerk, Seite 145)**, können auch Wortfetzen der Familie Jast verstehen. Bei den Geistern ist dies nicht der Fall: Diese können vollständig von den Erwachten verstanden werden. Du kannst diesen Umstand nutzen, um durch Gespräche mit den Geistern die Motivationen und Inhalte der Familie Jast zu vermitteln.

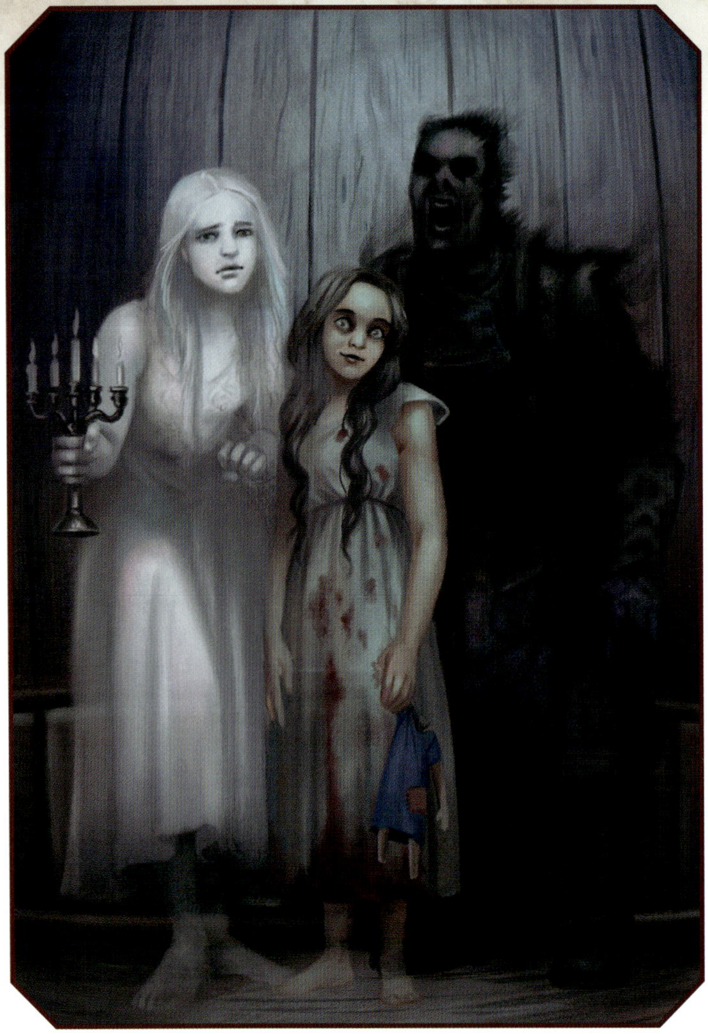

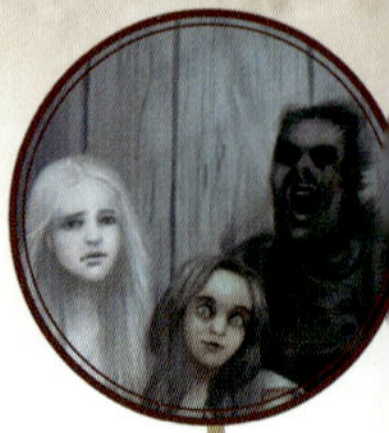

Familie Gathris

Motivation: Beschützer
Stärke: Gefestigt

MU 13	**KL** 13	**IN** 13	**CH** 13
FF 13	**GE** 13	**KO** 13(39)*	**KK** 13(39)*
SK 3	**ZK** 3(29)*	**INI** 13 + 1W6	
LE 90	**RS** 0	**GS** 8	

(**AW/VW** 32/8 **TP** 3W6+2 **RW** (Lang)*
Fertigkeiten: Friemeln 24, Körperbeherrschung 24(36)*, Kraftakt 26(52)*, Selbstbeherrschung 24(36)*, Verbergen 26, Durchschauen 20, Einschüchtern 28, Willenskraft 28
*Wenn der Geist materialisiert ist, gelten die Werte in Klammern.
Kräfte: Geräusche, Manifestation, Lichter löschen
Besonderheiten: Gebunden an ihr Heim

Mithilfe des Geisterbaukastens im **Regelwerk, Seite 210** kannst du die Geister individualisieren.

Irion Gathris

Kurzcharakteristik: ehemals meisterlicher Alchimist, Mitte 30 mit kurzem dunklen Haar vor seinem Tode, nun eine Schreckgestalt aus schwarzem Rauch, verbringt viel Zeit im Kaminsystem des Hauses
Hintergrund: siehe **Was bisher geschah** auf **Seite 3**
Darstellung: Stehe auf und beuge dich über deine Mitspieler, während du drohend mit ihnen sprichst.
Gegenüber Katzen: Irion hasst Katzen zwar nicht, empfindet sie aber als lästig. Er ist anfangs nicht sehr begeistert davon, dass diese in seinem Anwesen herumstromern und will sie verscheuchen. Helfen sie ihm später, wird er ihr dankbarster Freund, da sie sein Erbe und damit das Zuhause seiner Familie bewahrt haben.

Gilia Gathris

Kurzcharakteristik: Anfang 30, mit schönem blonden Haar vor ihrem Tode, nun ein weiß-durchscheinendes Gespenst, wirkt anteils- und freudlos, obwohl sie glücklich ist
Hintergrund: siehe **Was bisher geschah** auf **Seite 3**
Darstellung: Bewege dich nur sehr langsam, sprich leise und bedacht und sieh entweder an deinem Gesprächspartner vorbei oder durch ihn hindurch.
Gegenüber Katzen: Gilia sind Katzen gleichgültig, sieht aber die Schönheit in den vierbeinigen Geschöpfen.

Die blutige Mara

Kurzcharakteristik: 9 Jahre alt, mit hübschem dunklen Haar vor ihrem Tode, nun ein weiß-durchscheinender Geist, dessen Kleid mit Blut befleckt ist
Hintergrund: siehe **Was bisher geschah** auf **Seite 3**
Darstellung: Sei zögerlich und sprich vorsichtig, während du dich leicht bückst, als würdest du dich verstecken.
Gegenüber Katzen: Mara liebt Katzen und kann ihren Spieltrieb kaum beherrschen, sobald sie eine sieht.

Pergrin Jast

Kurzcharakteristik: 42 Jahre, schütteres dunkelbraunes Haar, Knollennase, abergläubisch, neigt zu Wutausbrüchen, ist stets opportunistisch und hinterhältig, bürgerliche Kleidung
Hintergrund: Pergrin ist ein Tunichtgut und Halunke, ein Betrüger aus Albernia, der lange für seinen jetzigen Lebensstandard, der sich durchaus sehen lassen kann, herumgaunern musste. Er hat in seinem ganzen Leben noch keine ehrliche

Arbeit verrichtet und hat auch nicht vor, damit anzufangen. Vor kurzem hat er, nachdem er die Geschichte um die Familie Gathris hörte, ein Testament gefälscht, das ihn als alleinigen und letzten Erben von *Irion Gathris* nennt. Durch Bestechungsgelder wurde dieses anerkannt und nun möchte Pergrin das Anwesen in Besitz nehmen.

Darstellung: Sei laut und aufbrausend, blicke dich lauernd um, wenn du sprichst.

Gegenüber Katzen: Pergrin hasst Katzen. Er tritt gerne nach ihnen und mag es, wie sie dabei aufkreischen. Für ihn haben Katzen nur einen einzigen Platz in seinem Leben: Ertränkt im nächsten Wasserfass.

Emer Jast

Kurzcharakteristik: 37 Jahre, geflochtenes, hellbraunes Haar, gutaussehend, grundsätzlich gelangweilt, sehr abergläubisch, teures Kleid

Hintergrund: Emer hat Pergrin geheiratet, nachdem dieser ihr ein glückliches und vor allem reiches, gemeinsames Leben versprochen hat. Seitdem hofft sie darauf, dass ihr Mann endlich den nötigen Erfolg hat. Sie ist sehr unselbstständig und abseits des Kochens und des Kinderhütens überlässt sie sämtliche Arbeiten ihrem Mann. Alles, was sie nicht in diesem Moment bereichert, langweilt sie fast zu Tode. Selbst Reichtum, den sie seit längerem besitzt, erweckt ihr Interesse nicht mehr.

Darstellung: Blicke gelangweilt drein während du sprichst. Puste dabei immer wieder angestrengt Luft aus. Brich Gespräche ab, wenn sie dir zu lange dauern und widme dich einer anderen, ebenso unwichtigen Tätigkeit.

Gegenüber Katzen: Für Katzen hat Emer nur gelangweilte Blicke und ein ebenso emotionsloses „Kusch" übrig.

Viviane Jast

Kurzcharakteristik: 9 Jahre, hübsch, langes haselnussbraunes Haar, verwöhnt und verzogen, verspielt und schreckhaft, einfaches Kleid

Hintergrund: Viviane ist die absolut verzogene und launische Tochter von Pergrin und Emer

Darstellung: Quengele, wenn etwas nicht so passiert, wie du es möchtest und erfreue dich ohne jegliche Dankbarkeit, wenn dir ermöglicht wird, das zu tun, was du möchtest.

Gegenüber Katzen: Katzen wecken in Viviane einen diabolischen Spieltrieb, der an Sadismus grenzt. Sie liebt es, kleine Lebewesen zu ärgern und sogar zu quälen.

Werte der Familie Jast

Für die Werte der Familie Jast kannst du dich an dem Menschen im **Regelwerk auf Seite 205** orientieren. Dabei sollte Viviane niedrigere Werte haben als Emer und Pergrin.

Das Gathris-Anwesen

Von außen war das Anwesen der Gathris schon immer ein skurriler Anblick. Hölzerne, wasserspeierartige Figuren zieren die Ecken eines keilförmigen Daches mit Lehmschindeln, während die Fenster in der gebeizten Fassade von urigen Vorhängen verdeckt werden und so jeden Blick ins Innere verhindern. Durch ein Türchen im etwa einen Schritt hohen Gartenzaun gelangt man in den ehemals gepflegten, nun wild wuchernden Garten, durchschreitet einige Hecken, bis man zu dem Treppchen gelangt, das zu der wuchtigen Eingangstür führt. Dort prangt ein angelaufener, schwerer Türklopfer aus Messing, welcher die Form eines Rochens hat, der mit seinem Schwanz einen massigen Metallring fasst.

(E) DAS ERDGESCHOSS

Das Erdgeschoss ist mit einer Vielzahl von verglasten Fenstern versehen, die mit einfachen Stoffvorhängen bedeckt sind. Dadurch ist es im Anwesen recht düster und nur wenige Lichtstrahlen dringen herein. In diesen schwebt der Staub herum, der sich auch auf allen Möbeln und offenliegenden Gegenständen niedergelegt hat. Der ebenfalls staubbedeckte Fußboden besteht aus feinen Holzdielen. Die Luft in diesem Geschoss ist muffig und stickig.

(E1) Die Eingangshalle

Die Eingangshalle ist gesäumt von zahlreichen, kleinen und mit Namen beschrifteten (um diese entziffern zu können, benötigen die Erwachten die Sonderfertigkeit Menschenschrift, siehe **Regelwerk, Seite 145**) Gemälden verschiedener Mitglieder der Familie Gathris, darunter mit je einem Gemälde auch Irion, Gilia und Mara, auf welchen die Helden die Geister klar identifizieren können. Auf dem Boden liegt ein abgelaufener, blauer Tep-

Karte des Anwesens

K1	Kellergang
K2	Vorratskammer
K3	Labor
K4	Kloake

E1	Eingangshalle
E2	Kaminzimmer
E3	Speisezimmer
E4	Küche
E5	Abstellkammer

O1	Flur
O2	Großes Schlafzimmer
O3	Kleines Schlafzimmer
O4	Spielzimmer
O5	Badezimmer
O6	Wintergarten

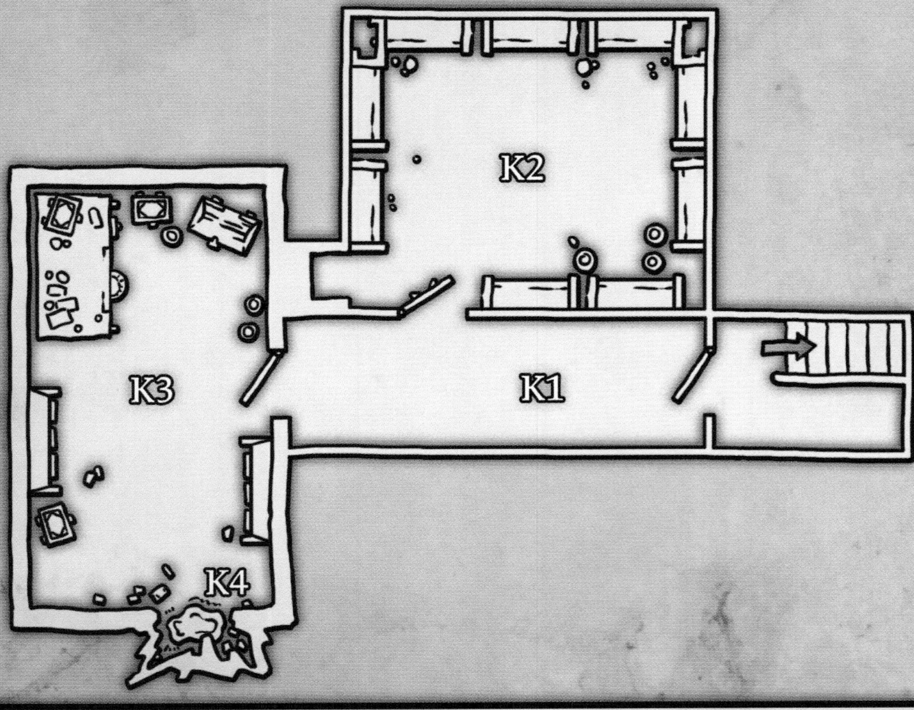

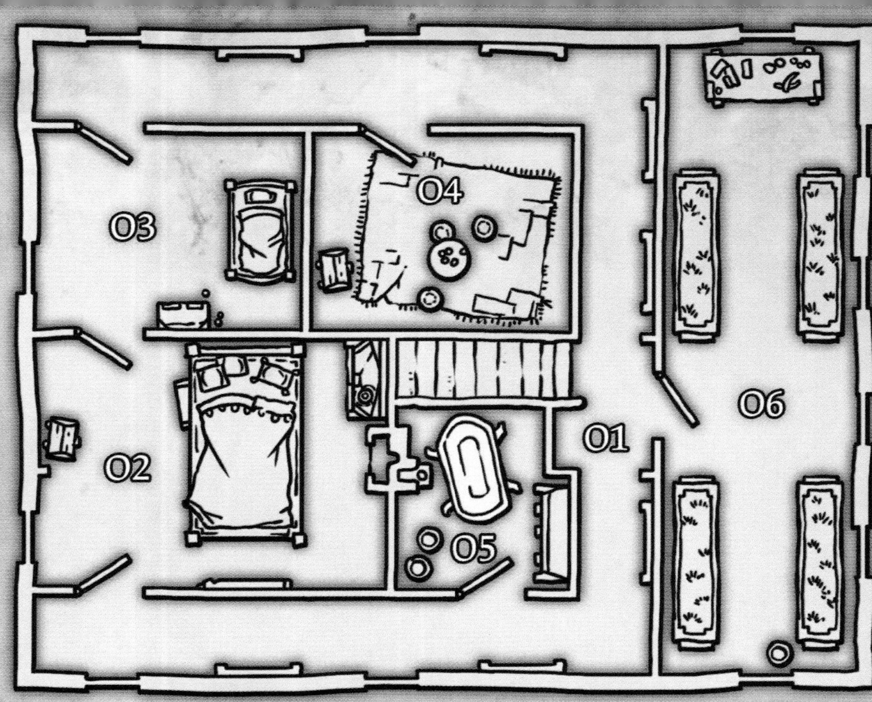

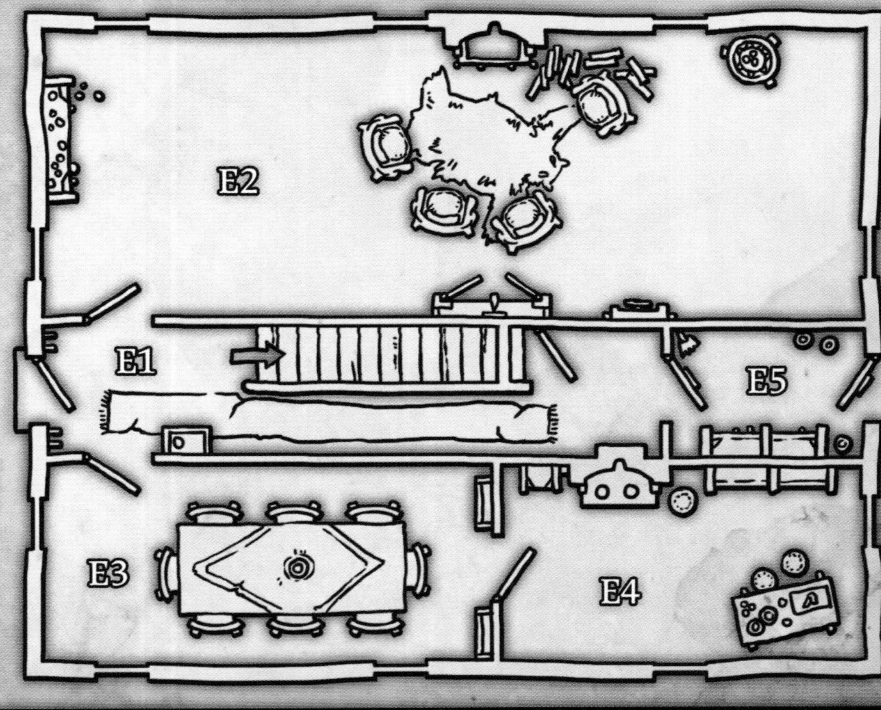

pich mit lustigen Fransen an beiden Enden, der den einstigen Wohlstand der Familie widerspiegelt, nun aber stark verblichen ist. Abseits der bis zur Ankunft der Familie Jast abgeschlossenen Eingangstür zum Anwesen finden sich drei weitere Türen, die zum **Speisezimmer (E3)**, zum **Kaminzimmer (E2)** und zur **Abstellkammer (E5)** führen. Neben der Eingangstür steht ein Kleiderständer, an dem zwei alte, hellblaue Umhänge vor sich hin modern und eine kleine Kommode mit vier Schubfächern. Die Treppe, deren kunstvolle Holzschnitzereien das Bild der Eingangshalle dominieren und die furchtbar knarzt, wenn man darauf tritt, führt in das **Obergeschoss (O)**. Unter der Treppe befindet sich der Eingang zum **Keller (K)**.

Schätze: In der kleinen Kommode neben der Tür lassen sich Stiefelfett, ein Etui mit Nähzeug, sowie eine kleine Holzschachtel voll mit glänzenden Metallknöpfen finden.

Gefahren: Der alte Teppich ist der Lebensraum einer Vielzahl von Flöhen. Beißen diese die Katzen, kommt es zu stark juckenden Flohbissen. (Bis der Erwachte die Flöhe los ist, kann es insbesondere in hohen gesellschaftlichen Kreisen zu Erschwernissen in Interaktionen kommen. Hält der Flohbefall länger als drei Tage an, verliert der Erwachte den Vorteil *Hübsch*, falls nicht vorhanden erleidet er sogar temporär den Nachteil *Hässlich*, solange der Flohbefall anhält. Denn der Juckreiz bewirkt, dass er sich unbewusst das Fell auszupft, wodurch es stumpf und löchrig wird.)

(E2) Das Kaminzimmer

Das Kaminzimmer wird von einem prächtigen, aber verrußten Kamin in der Mitte des Raumes dominiert. Davor befindet sich ein großes Bärenfell auf dem Boden und vier mit dunkelrotem Stoff bezogene Sessel ringsherum. In einem Wandregal neben dem Fenster stehen fein säuberlich aufgereiht, jedoch maßlos verstaubt, verschiedene etwa ellbogenlange Holzfiguren, die Magier, Ritter und andere Gestalten zeigen. Besonders auffällig ist die Ebenholzstatuette einer dürren Katze, auf deren Stirn ein drittes Auge prangt. Gegenüber dem Kamin steht ein kleines Schränkchen mit einer Doppeltür, in dem sich noch ein knappes Dutzend angelaufener Flaschen mit hochwertigen Schnäpsen und Likören nebst passenden Bechern befindet. Neben dem Schnapsschrank hängt eine ziervolle Pendeluhr an der Wand – ein altes Meisterstück des genialen Mechanikus Leonardo von Havena – die zwar nichtmehr einwandfrei funktioniert, jedoch ab und zu immer noch zu ticken beginnt. Die einzige Tür im Raum führt zur **Eingangshalle (E1)**. *Pergrin* verbringt hier nach der Ankunft gerne viel Zeit und lungert auf einem der Sessel herum, während er Likör trinkt.

Kaminzugang: Durch den Kaminzugang im Kaminzimmer können die Katzen in die **Küche (E4)** und in das **große Schlafzimmer (O2)** gelangen.

Schätze: Das Pendel der Uhr ist nicht nur aus feinem Messing gefertigt, es eignet sich auch hervorragend als Kettenwaffe, sobald es gelingt, diese abzumontieren. Dafür wird eine Probe auf *Basteln -3* benötigt.

Gefahren: Bei der Ebenholzstatuette der dürren Katze mit dem dritten Auge handelt es sich um ein Artefakt, dass Irion Gathris, unwissend über ihre tatsächliche Natur, von einer Reise mit nach Hause gebracht hat. Auf der Statuette wirken zwei sich täglich aufladende Ladungen der Ahnengabe MÄUSEMEISTER (siehe **Regelwerk, Seite 173**), die sich entlädt, sobald man das dritte Auge der Katze drückt.

Sobald einer der Jasts das Feuer im Kamin entzündet hat, kann sich eine durch das Kaminnetz bewegende Katze dort nicht nur stark verbrennen (siehe Feuerschaden, **Regelwerk, Seite 192**), sondern leidet auch unter der Rauchentwicklung, die den Schacht schnell vereinnahmt (siehe Erstickungsschaden, **Regelwerk, Seite 192**).

(E3) Das Speisezimmer

Ein langer Tisch aus edlem Holz, an dem sicher acht Menschen Platz finden würden, prägt das Bild des Speisezimmers. Er ist ringsherum mit gepolsterten Stühlen versehen, die fein säuberlich an die Tischplatte herangeschoben wurden. In der Mitte des Möbelstücks steht eine hübsch mit bunten Farben bemalte Tonvase, aus der einige schon völlig verwelkte und ausgetrocknete Blumen herunterhängen. Neben dem Durchgang zur **Eingangshalle (E1)** führt eine weitere Tür an der Ostseite zur **Küche (E4)**. Daneben befinden sich zur Linken und zur Rechten je ein offenes Regal, auf welchen Teller und Becher aufgereiht sind. Hier speist die Familie Jast nach ihrer Ankunft jeweils morgens, mittags und abends.

Name	Kampftechnik	TP	Mod.	RW	Gewicht	Größe	Wert
Uhrpendel	Einhandwaffen	1W6+2	0/-1	lang	2,5 Zehntstein	30 cm	15
Uhrpendel	Wurfwaffen	1W6+3		1/5/10	2,5 Zehntstein	30 cm	15

Schätze: In den Schubladen der Regale neben der Küchentür lassen sich mehrere Schätze finden. In der rechten befinden sich 16 Sets Silberbesteck, bestehend aus je einer Gabel, einem Messer, einem Suppenlöffel und einem Teelöffel. In der linken werden acht hübsch geklöppelte, weiße Tischdeckchen aufbewahrt.

Gefahren: Die Bodendielen im Speisezimmer sind morsch und brüchig. Zwar halten sie die leichtgewichtigen Katzen gut aus, doch können schwere Aufprälle Teile des Bodens zerbrechen lassen. Fällt man hindurch, plumpst man etwa zweieinhalb Schritt in die Tiefe, wodurch es zu Fallschaden kommt (siehe **Regelwerk, Seite 192**) und landet im **Kellergang (K1)**.

(E4) Die Küche

In diesem Raum befindet sich ein Küchentisch, auf dem tönerne Schalen und hölzerne Bretter bereitstehen, sowie ein kniehoch gemauerter, offener Herd, über welchem sich ein Rauchabzug befindet. Letzterer ist über ein Holzregal neben dem Herd erreichbar. Der Zugang zur Küche erfolgt über die Tür zum **Speisezimmer (E3)**. *Emer Jast* bereitet hier zur Morgen-, Mittags- und Abendzeit das Essen für die Familie vor, jedoch erst, nachdem *Pergrin* die **Vorratskammer (K2)** im Keller aufgebrochen hat.

Kaminzugang: Durch den Kaminzugang in der Küche können die Katzen in das **Kaminzimmer (E2)** und in das **große Schlafzimmer (O2)** gelangen.

Schätze: Neben verschiedenem Kochgeschirr findet sich in der Küche im Regal neben dem Herd eine Sammlung verschiedenster, edler Gewürze, darunter milder aranischer Pfeffer, purpurner Methumian und feine mengbiller Vanille.

Gefahren: Die Küche ist das Heim zweier im lange erloschenen Herd lebender großer Ratten (Werte siehe **Regelwerk, Seite 206**), die ihr Territorium ohne Zögern verteidigen werden.

Sobald einer der Jasts das Feuer im Herd entzündet hat, kann sich eine durch das Kaminnetz bewegende Katze dort nicht nur stark verbrennen (siehe Feuerschaden, **Regelwerk, Seite 192**), sondern leidet auch unter der Rauchentwicklung, die den Schacht schnell vereinnahmt (siehe Erstickungsschaden, **Regelwerk, Seite 192**).

(E5) Die Abstellkammer

Hier beginnt das Abenteuer für die Helden. Ein kleines Regal beinhaltet mehrere Metalleimer und Stofflappen, sowie drei Flaschen mit Essig. Daneben lehnt ein Besen an der Wand. Eine abgeschlossene Tür mit einer Katzenklappe führt nach draußen, eine weitere in die **Eingangshalle (E1)**.

Gefahren: Der Essig ist wirklich sauer. Abseits davon ist die Abstellkammer ungefährlich.

(O) DAS OBERGESCHOSS

Auch im ersten Stock des Anwesens ist der Fußboden mit Holzdielen ausgelegt. Abseits davon unterscheidet er sich jedoch stark vom Erdgeschoss: Die Luft riecht feucht und abgestanden, fast schon ein wenig tropisch. Durch einige Fenster, an welchen die Vorhänge nie vollständig zugezogen wurden, fällt außerdem mehr Licht herein, was diesem Stockwerk eine angenehme, ruhige Atmosphäre verleiht.

(O1) Der Flur

Der Flur, der im Obergeschoss ringsherum zum **großen (O2)** und **kleinen Schlafzimmer (O3)**, zum **Spielzimmer (O4)**, sowie zum **Badezimmer (O5)** und zum **Wintergarten (O6)** führt, besteht zum größten Teil aus knarzenden Bodendielen. Die Wände sind geschmückt mit Gemälden, die verschiedene Szenerien der Hafenstadt Havena zeigen, wie eine malerische Hafeneinfahrt, die Stadt in einem Kleid aus Nebeldunst oder sogar mysteriöse Felskonstellationen in der Unterstadt.

Schätze: keine, sofern die Katzen keine Kunstliebhaber sind

Gefahren: Der Fußboden in diesem Bereich ist selbst für Katzen verräterisch laut.

(O2) Das große Schlafzimmer

Das Gesamtbild des großen Schlafzimmers wird von einem trutzigen Ehebett für zwei Personen geprägt. Daneben steht eine massive Kommode an der Wand, auf der sich eine weitere Tonvase mit verdorrten, einst sicher sehr hübschen Blumen befindet. An der dem Bett gegenüberliegenden Wand protzt ein zwei Schritt hoher Wandspiegel, der jedoch an der Unterseite beschädigt wurde, als wäre man mit einer schweren Kiste dagegen gestoßen. Des Nachts schläft das Jast-Ehepaar in diesem Zimmer. Durch die Tür an der Nordseite des Raumes ist das **kleine Schlafzimmer (O3)** erreichbar, während die Tür an der Südseite auf den **Flur (O1)** führt.

Kaminzugang: Durch den Kaminzugang im großen Schlafzimmer können die Katzen in das **Kaminzimmer (E2)** und in die **Küche (E4)** gelangen.

Schätze: Durch die Beschädigung des großen Spiegels im Raum liegen auf dem Boden einige Spiegelscherben herum, darunter auch bis zu menschenhandtellergroße.

Gefahren: Sobald einer der Jasts das Feuer im Kamin entzündet hat, kann sich eine durch das Kaminnetz bewegende Katze dort nicht nur stark verbrennen (siehe Feuerschaden, **Regelwerk, Seite 192**), sondern leidet auch unter der Rauchentwicklung, die den Schacht schnell vereinnahmt (siehe Erstickungsschaden, **Regelwerk, Seite 192**).

(O3) Das kleine Schlafzimmer

In diesem kargen Raum, der über den **Flur (O1)** im Norden erreichbar ist, befindet sich ein einzelnes Kinderbett, daneben ein Nachttisch und eine Kommode an der Wand, die bis zur Ankunft der Familie Jast leer ist. Später befindet sich die Kleidung von *Viviane* darin, die auch die Nacht im kleinen Schlafzimmer verbringt. An der Südseite des Raumes kann durch eine Tür das **große Schlafzimmer (O2)** betreten werden.

Schätze: keine

Gefahren: keine

(O4) Das Spielzimmer

Das Spielzimmer auf der Nordseite des **Flurs (O1)** ist sehr schlicht eingerichtet. Auf dem Fußboden ist ein großer, bunter Flickenteppich ausgebreitet, auf dem Kinder warm sitzen können. Darauf steht ein niedriges Tischlein mit drei ebenso niedrigen Stühlchen. An der Westwand des Raumes findet eine große Holztruhe Platz, in der das Spielzeug von *Mara Gathris* aufbewahrt wird. Bis zur Ankunft der Familie Jast ist dieser Raum ansonsten leer. Danach ist meistens unordentlich Spielzeug im gesamten Zimmer verteilt. *Viviane Jast* verbringt hier den Löwenanteil ihrer Zeit, während *Emer Jast* ab und zu hier ist, um das Mädchen zu beaufsichtigen oder mit ihr zu spielen.

Schätze: Spielzeug wie Bauklötze, Puppen oder ein Steckenpferd

Gefahren: keine, solange man Viviane ihr Spielzeug nicht weg nimmt

(O5) Das Badezimmer

Neben einer großen hölzernen Badewanne, die mehr einem Trog gleicht, steht eine Kommode mit diversen Badeutensilien in diesem Zimmer. Daneben befindet sich ein kleiner Ofen, auf dem in einem dafür vorgesehenen Kessel Wasser erhitzt werden kann, sowie zwei Eimer, die zum Transport des Wassers aus dem Garten zu diesem recht einfachen Badezimmer bereitstehen. Die Familie Jast verbringt hier nach ihrer Ankunft vor und nach dem Zubettgehen Zeit, um sich rudimentär zu waschen. Eine Tür auf der Südseite führt auf den **Flur (O1)**.

Schätze: verschiedene Fläschchen mit Badeöl, sowie Parfümflakons und Seifen

Gefahren: Sollte Pergrin Jast die Katzen in der Nähe des Badezimmers entdecken, wird er versuchen, sie in der gefüllten Badewanne zu ertränken (siehe Erstickungsschaden, **Regelwerk, Seite 192**).

(O6) Der Wintergarten

In diesem länglichen Raum wurden in zwei Reihen vier lange, etwa einen Schritt tiefe Blumenkästen aus Holz aufgestellt, die nicht nur bis zum Rand mit Erde, sondern auch noch bis zum Bersten mit wuchernden Gräsern, Kräutern und den seltsamsten Pflanzen gefüllt sind. Vom Dach, dessen Schindeln immer wieder von merkwürdigen, gelben Glassteinen durchsetzt sind, die das Licht bündeln und die Wärme in den Raum zu tragen scheinen, tropft an einigen Stellen gesammeltes Wasser herab. Am nördlichen Ende des Zimmers befindet sich eine Art Arbeitstisch, auf dem unterschiedliche Gartenutensilien, wie kleine Schäufelchen, große Scheren und grobe Handschuhe liegen. Der feuchte Geruch, der in der Luft liegt, scheint von hier zu stammen. Die Tür auf der Westseite führt auf den **Flur (O1)**.

Schätze: Gartenutensilien, sowie verschiedene, sehr potente Kräuter (siehe *Wirselkraut* und *Egelschreck* im **Regelwerk, Seite 196**)

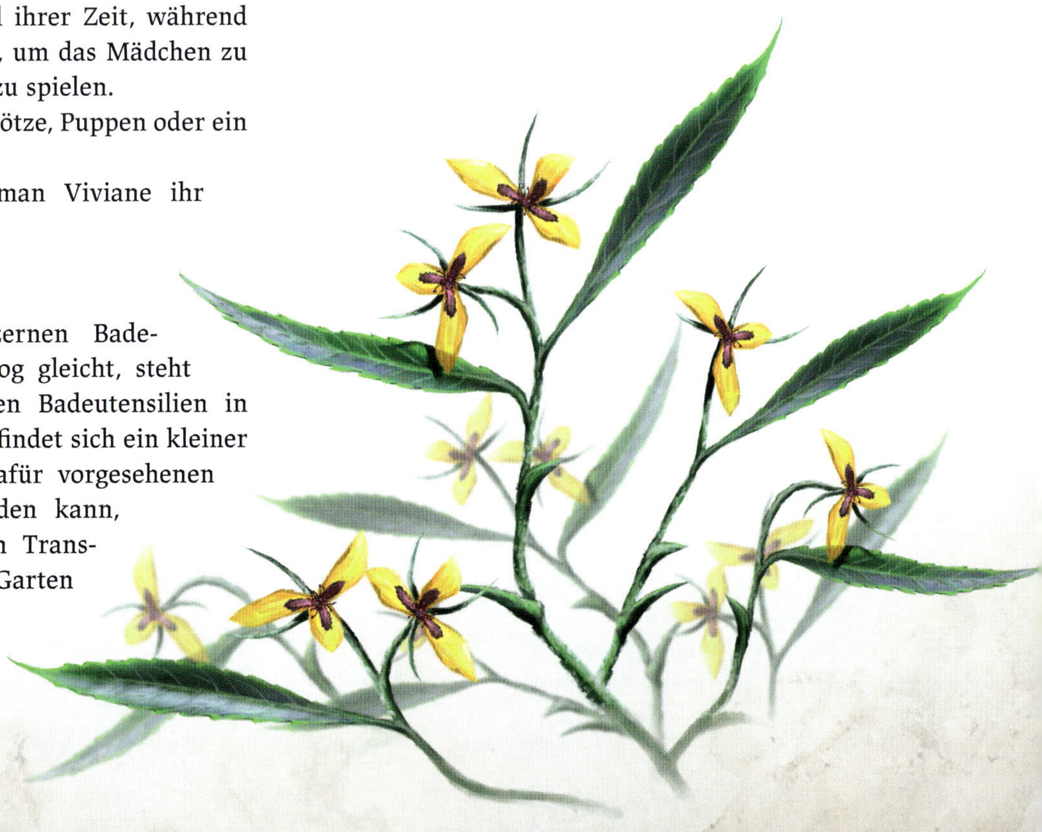

Mutierte Pflanze

Länge: ca. 0,6 bis 1 Schritt
Gewicht: 4-6 Stein

MU 11	**KL** 8(t)	**IN** 12	**CH** 13
FF 10	**GE** 10	**KO** 13	**KK** 14
SK 1	**ZK** 3	**Ini** 11 + 1W6	
LE 20	**GS** 0	**VW** 5	
Biss:	**AW** 21	**TP** 1W6+5	**RW** kurz
Rankenpeitsche:		**AW** 22	**TP** 1W6+4

RW lang
Aktionen: 1
Fertigkeiten: Friemeln 18, Körperbeherrschung 23, Kraftakt 27, Selbstbeherrschung 20, Sinnesschärfe 21, Verbergen 19, Umschmeicheln 25, Willenskraft 23
Größenkategorie: mittel
Typus: Pflanze
Beute: 3 Rationen ungenießbares faseriges Fleisch.
Kampfverhalten: Jagt aktiv nach Beute, indem sie diese mit einer Vergleichsprobe (*Umschmeicheln* gegen *Willenskraft*) anlockt und nach Erfolg blitzschnell zupackt. Bei einer erfolgreichen Attacke mit der Rankenpeitsche wird das Opfer umschlungen und gewürgt (siehe Erstickungsschaden im **Regelwerk, Seite 192**). Nur das gezielte Abschlagen der Ranke (insgesamt 8 Schadenspunkte durch Waffen mit Klinge oder Schneide genügen) oder eine erfolgreiche Vergleichsprobe auf *Kraftakt* kann das Opfer befreien. Eine mutierte Pflanze kann nicht fliehen.
Pflanzenkunde:
- **QS 1:** Das sieht aus wie eine große bunte Blume, aber diese Sorte ist dir nicht bekannt.
- **QS 2:** Irgendwas ist an ihr komisch.
- **QS 3+:** Blitzen da etwa Zähne zwischen den Blütenblättern hervor?

Schmerz +2 bei: 15 LeP, 10 LeP, 5 LeP, 3 LeP oder weniger

Gefahren: Zwischen den Pflanzen verbergen sich auch Experimente des Alchimisten, die ein Eigenleben und einen ausgesprochenen Appetit auf Fleisch entwickelt haben. Für Menschen werden die mutierten Gewächse kaum gefährlich, für Katzen kann eine Begegnung jedoch tödlich enden.

(K) Der Keller

In dem mit Bruchsteinen gemauerten Keller ist es nicht nur stockdunkel, sondern auch deutlich kälter als im Rest des Anwesens. Die feuchte Luft riecht nach Moder und Nässe, was sich mit säuerlichen Düften aus der Richtung des Labors vermischt.

(K1) Der Kellergang

Am Fuß der Treppe des Kellergeschosses befindet sich ein finsterer Gang, der zur **Vorratskammer (K2)** und zum **Labor (K3)** führt.
Gefahren: Die Katzen stoßen hier auf eine Patrouille aus 1W6 + Anzahl der erwachten Helden Kakerlaken (siehe **Seite 12**), die von der Kloake aus auf dem Weg zur Vorratskammer ist, um Nahrung zu erbeuten. Fühlen die Kakerlaken sich bedroht, gehen sie zum Angriff über.

(K2) Die Vorratskammer

Vom **Kellergang (K1)** aus betritt man die Vorratskammer durch eine Holztür, die zwar abgeschlossen ist, allerdings an der Unterseite mehrere Löcher aufweist, durch die selbst Katzen hindurchschlüpfen können. Dort sind die Wände vollständig mit Regalen bedeckt, die mit Einmachgläsern oder mittlerweile verrotteten Häufchen vollgestellt sind. Die Kakerlaken (siehe **Seite 12**) erbeuten hier regelmäßig Nahrungsmittel für ihre Artgenossen. *Pergrin Jast* wird nach seiner Ankunft, bevor *Emer Jast* erstmals Essen zubereitet, die Tür zur Vorratskammer aufbrechen, da der Schlüssel für die Kammer verlorenging.
Schätze: In den Einmachgläsern lassen sich noch die ein oder anderen eingelegten Köstlichkeiten, egal ob süß, sauer oder salzig, finden.
Gefahren: Einige Inhalte der Einmachgläser sind bereits verdorben und können die Katze bei Verzehr krank machen. Essen die Erwachten von der

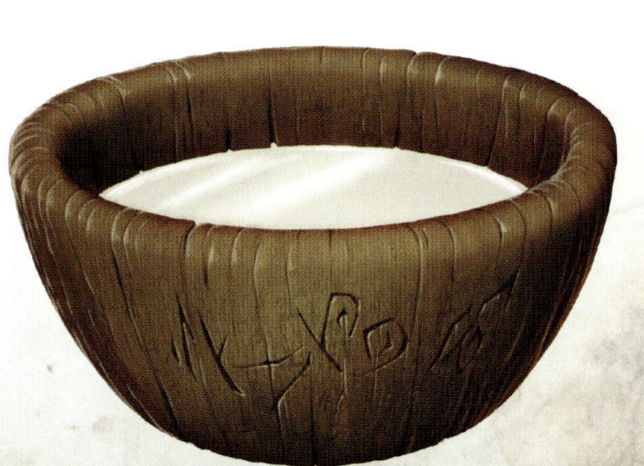

verdorbenen Nahrung, gilt diese als Gift mit der Giftstufe 3 (siehe **Regelwerk, Seite 193**). Wird der Erwachte vergiftet, erhält er 3 Stufen Schmerz.

(K3) Das Labor

In diesem Raum findet sich das voll ausgestattete Labor des Alchimisten, das zwar noch funktionsfähig aussieht, jedoch stark unter der Feuchtigkeit des Untergrunds und Jahrzehnten der fehlenden Pflege gelitten hat. Neben der alchimistischen Ausstattung befinden sich ein vermoderter Schreibtisch mitsamt zugehörigem Stuhl, mehrere kleine Kistchen und Regale an den Wänden im Zimmer. An der Südseite des Raumes, neben der Tür zum **Kellergang (K1)**, ist ein Loch in der Steinwand zu sehen, welches in das Erdloch der **Kloake (K4)** führt.

Schätze: 2W6 in Regalen und Kistchen zurückgebliebene unbeschriftete Fläschchen und Phiolen, die der Alchimist einst gebraut hat und die nun in die Pfoten der Katzen gelangen können

Gefahren: Auf dem Boden des Labors haben sich an verschiedenen Stellen kleine Säurepfützen gebildet (siehe Säureschaden im **Regelwerk, Seite 192**), außerdem ist der Boden an einigen Stellen mit Glasscherben heruntergefallener Tinkturen bestreut (*Körperbeherrschung* -3 um hindurch zu tippeln).

(K4) Die Kloake

Die Kloake, die über den Wanddurchbruch im **Labor (K3)** erreichbar ist, ist das Reich der erwachten Kakerlaken, die hier zu Dutzenden leben. Durch eine alchimistische Explosion (die Brandrückstände sind noch immer an den Mauerstücken sichtbar) wurde der Stein gesprengt und das Erdreich dahinter freigegeben. Dort haben die Kakerlaken sich eingewühlt und ein ganzes Netz aus Höhlen und Tunneln gegraben, das wie eine Art winzige Stadt wirkt. In der Mitte der Kloake befindet sich ein See aus abgestandenem Tropfwasser, welcher für Katzen wohl eher wie eine Pfütze wirken muss. Die Kakerlaken unternehmen von hier aus zahlreiche Patrouillen und Expeditionen in das gesamte Anwesen. Die Fundstücke, die sie dabei zusammentrugen, sind ebenfalls hier zu finden: Auf einer Art Altar (ein Backstein) steht ein kleines, eingerahmtes Bild von Irion Gathris (wohl ehemals vom Nachttisch des elterlichen Schlafzimmers). Davor stapeln sich Gold- und Silbermünzen, me-

Abgelaufene Alchimica

Entdecken die Helden ein alchimistisches Fläschchen im Keller, kannst du mit 2W6 die Wirkung des Inhalts bestimmen. Die Mittelchen sind jedoch allesamt entweder abgelaufen, experimenteller Natur oder schlichtweg nicht für Katzen geeignet.

2W6	Wirkung
2	*Aufputschmittel:* Die Katze wird für die nächsten 10 Minuten hyperaktiv.
3	*Schwelllösung:* Die Zunge der Katze schwillt derart stark an, dass sie für die nächste Stunde nur noch unverständliche Laute von sich geben kann.
4	*Schmerzmittel:* Die Katze bekommt für die nächsten 30 Minuten nervenaufreibende Kopfschmerzen, die sie gereizt und aggressiv machen.
5	*Hustensaft:* Die Katze erhält für die nächsten 2 Stunden einen kaum unterdrückbaren Hustenreiz, der ihr alle heimlichen Aktionen um 2 erschwert.
6	*Augentropfen:* Die Katze kann für die nächsten 10 Minuten durch Wände sehen.
7	*Unsichtbarkeitselixier:* Die Katze erblindet für die nächsten 30 Minuten.
8	*Schlafmittel:* Die Katze hat für die nächsten 2 Stunden immer wieder kurze Sekundenschlafphasen, durch welche sie länger andauernde Handlungen unterbrechen muss.
9	*Schleimlöser:* Die Katze fühlt sich für die nächste Stunde, als hätte sie Watte im Kopf und spürt das dringende Bedürfnis, sich auf plumpe Art und Weise bei anderen Katzen einzuschmeicheln.
10	*Färbemittel:* Das Fell der Katze färbt sich für die nächsten 3 Stunden in einen dunklen Purpurton.
11	*Sodbrenner:* Der Magen der Katze beginnt für eine halbe Minute lang heftig zu schmerzen. Qualm dringt aus ihrem Maul, während ein glühendes Leuchten in ihrem Rachen zu erkennen ist. Sie erleidet 1W6+1 SP.
12	*Flüssiges Glück:* Der Katze scheint für die nächsten 2 Stunden einfach alles zu gelingen. Sie erhält +2 auf alle anfallenden Proben.

Die erwachten Kakerlaken

Die alchimistischen Rückstände des Labors haben in den vergangenen Jahrzehnten ihre Spuren auf den einzigen lebenden Bewohnern des Kellers hinterlassen: In den Kakerlaken, die die Kloake bewohnen, wurde ein Bewusstsein geweckt, ganz ähnlich dem Erwachen einiger Katzen. Sie haben die Zeit genutzt, um nicht nur eine eigene, wenn auch archaische, Zivilisation zu errichten, sondern auch, um das Anwesen um alles zu erleichtern, was ihnen wertvoll erschien. Heute wird das Kakerlakenvolk von ihrem Hohepriester *Kolkra* angeleitet, der mit dem Zepter der Wahrheit (einem Kohlestift vom Arbeitstisch des Alchimisten) die Heilige Schrift verfasst, die *Irion Gathris* als deren Schöpfergott darstellt. Im Glauben der Kakerlaken gelten *Emer* und *Viviane* als engelsgleiche Alveraniare des Schöpfers, erstere gütig und milde, letztere ungestüm und unberechenbar – die zwei Seiten des Schicksals. Den Legenden des Kakerlakenvolks nach sollen sogar schon Erscheinungen ihres Gottes und seiner Dienerinnen in der „Oberwelt", wie sie die Welt oberhalb des Kellers nennen, gesichtet worden sein. Der Ausruf des Alveraniars *Viviane* „Iiiih, Kakerlaken!" sehen die Bewohner des Kellers als Legitimation ihrer Spezies als Herrschervolk der „Unterwelt". Letztere würden sie auch mit ihrem Leben verteidigen. Die Kakerlaken, die stets gleichzeitig sprechen, was dann oftmals wie ein gemeinsames Stottern klingt, sind jedoch nicht grundlegend aggressiv und durchaus zu Gesprächen und Verhandlungen bereit.

Mutierte Kakerlaken

Körperlänge: 0,1 Schritt; **Gewicht:** 1 Stein

MU 11	**KL** 9	**IN** 9	**CH** 7
FF 11	**GE** 13	**KO** 6	**KK** 7
SK 0	**KZ** -4	**Ini** 12+1W6	
LE 10	**RS** 2	**GS** 5	**VW** 5

Biss: AW: 25 **TP:** 1W6-1 **RW** kurz
Nadelspeer: AW 22 **TP** 1W6+1 **RW** mittel
Aktionen: 1
Fertigkeiten: Körperbeherrschung 24, Kraftakt 18, Selbstbeherrschung 24, Sinnesschärfe 18, Verbergen 28, Willenskraft 24
Größenkategorie: klein
Typus: Erwachte
Beute: Nähnadel, die der Kakerlake bisher als Speer gedient hat.
Kampfverhalten: Sobald die Kakerlaken einen Feind bemerken versuchen sie Hinterhalte zu legen und koordinieren sich überraschend geschickt um ihren Gegner zu umzingeln (Vergleichsprobe *Sinnesschärfe* gegen *Verbergen*). Mutierte Kakerlaken fliehen erst, wenn der Anführer der angreifenden Gruppe ausgeschaltet wurde (Dabei handelt es sich zumeist um das größte Exemplar der Gruppe).
Tierkunde:

- **QS 1:** Eine Kakerlake, die gibt es in Orkendorf zuhauf. Stupst man sie an, fauchen sie.
- **QS 2:** Ihr Panzer ist widerstandfähiger als von vielen anderen Insekten.
- **QS 3+:** Diese laufen auf den Hinterbeinen, ganz anders als die in Orkendorf. Da stimmt doch was nicht.

Schmerz +2 bei: 8 LeP, 5 LeP, 3 LeP, 2 LeP oder weniger

tallene Knöpfe, feingliedrige Schmuckketten und allerlei weiterer kostbarer Tand. Es ist regelmäßig zu beobachten, dass eine Kakerlake, die eine aus einem Taschentuch geschneiderte Toga trägt, einen Kohlestift wie einen Stab in der Hand haltend, wie ein Priester vor dem Altar steht und zu seinen Mitkakerlaken predigt.

Schätze: Ein ganzer Haufen aus zusammengetragenem Schmuck und Wertsachen, die einst im Besitz der Familie Gathris waren. Außerdem der (nicht weiter besondere) traditionelle, priesterliche Kohlenstiftstab.

Gefahren: Natürlich können die Kakerlaken äußerst gefährlich sein. Sollte man versuchen, ihnen ihre Schätze zu stehlen, sie anzugreifen oder zu bedrohen, stürzen sich bis zu 1W6 + Anzahl der erwachten Helden Kakerlaken in den Kampf.

Auf ins Abenteuer!

Hier beginnt das eigentliche Abenteuer! Die Helden haben erst Zeit und Gelegenheit, das Anwesen zu erkunden, Schätze zu finden, kleinere Gefahren zu überwinden und schließlich auch die geisterhafte Familie Gathris kennenzulernen. Wenn du das Gefühl hast, dass die Helden das Haus zur Genüge erforscht haben, kommt die Familie Jast im Anwesen an und macht sich dort breit. Ein Umstand, der die Geister dazu bewegt, die Helden anzuwerben, um gemeinsame Sache zu machen.

EINSTIEG

Das Abenteuer beginnt damit, dass die Helden von einem streunenden Hund durch die Straßen Havenas gejagt werden und Hals über Kopf Zuflucht im nächstbesten Haus suchen. Durch Zufall stolpern sie so in das Gathris-Anwesen.

Zum Vorlesen oder Nacherzählen:

Eure Pfoten fliegen regelrecht über die vom Regen noch immer nassen Pflastersteine der oberflurener Gasse, die ihr soeben durchquert. Wie ein schweres Trommeln hört ihr das Biest hinter euch rennen. Wie konntet ihr ihn nur übersehen? Ein Klops von einem Wehrheimer Bluthund mit dem zotteligen Fell eines streunenden Straßenköters. Sein geiferndes Bellen schallt durch die Nacht und hallt von den Häuserwänden wider. Ihr schlittert auf dem feuchten Stein um die nächste Ecke, die Bestie noch immer auf euren Fersen. Da seht ihr es: Ein altes, heruntergekommenes Anwesen und davor ein klaffendes Loch im Zaun! Eine willkommene Zuflucht. Ihr quetscht euch flink durch die Öffnung und seht dann, dass das Schicksal euch erneut hold ist: Dort, eine Tür – mit einer kleinen, hölzernen Luke im unteren Bereich. Einer Klappe für Katzen! Einer nach dem anderen rauscht ihr durch die Klappe, nur um kurz darauf den dumpfen Aufprall des Köters gegen die Tür zu hören. Für einige Augenblicke drückt der Hund noch sein speichelndes Maul mit den bedrohlichen Zähnen durch die Klappe – aber erreichen kann er euch nicht mehr. Wenig später lässt er ab. Es wird ruhig. Da blickt ihr euch um und findet euch in einem verstaubten, dunklen Raum wieder.

ERKUNDUNG

Die Helden befinden sich zu Beginn des Abenteuers in der dunklen **Abstellkammer (E5)** und können von dort aus die Erkundung des Anwesens beginnen.

Vier hilfreiche Pfoten

Wenn du möchtest, kannst du deinen Helden den Kater *Miauziber* (samtiges, graues Fell, bleiche, fast weiße Augen, spricht langsam) zur Seite stellen. Dieser, ebenfalls ein Erwachter, ist in diesem Fall der bis heute überlebende, allerdings uralte Kater der Familie Gathris, den *Irion Gathris* einst von einer Reise nach Maraskan mit nach Havena brachte. Der Kater kann den Helden bei der Erkundung des Anwesens behilflich sein und ihnen die Raumaufteilung sowie die Geschichte der Familie Gathris näherbringen.

Wenn es heikel wird, gerade nach der Ankunft der Familie Jast, kann er die Helden auch aus brenzligen Situationen retten – und sei es nur durch Ablenkung. Dadurch wird das Abenteuer für die Helden deutlich leichter.

BEGEGNUNGEN MIT DEN GEISTERN

Solltest du der Auffassung sein, die Helden hätten das Anwesen ausreichend erkundet, wird es Zeit, dass sie die Familie Gathris kennenlernen. Am besten verläuft dies über einen längeren Zeitraum, bei dem sie immer wieder mit den einzelnen Geistern konfrontiert werden. Im Folgenden findest du einige beispielhafte Szenen dafür, jedoch kannst du natürlich auch eigene Szenen oder Ideen einbauen, die dem Wesen der jeweiligen Gespenster entsprechen.

Es kann durchaus sein, dass gerade schreckhafte Erwachte es schnell in Betracht ziehen werden, aufgrund der Geisteraktivitäten das Anwesen wieder zu verlassen – in diesem Fall können sie ebenso schnell unschön an den geifernden Köter erinnert werden, der noch vor dem Haus auf der Lauer liegt.

Die Angst vorm schwarzen Mann

Irion Gathris tritt als schwarze Schreckgestalt aus waberndem Rauch auf, die mal ein menschliches Gesicht, mal eine grausame Fratze als Antlitz zeigt. Dabei bewegt er sich mit Vorliebe durch das Kaminnetz und versucht, die Katzen zu überraschen und einzuschüchtern. Hier einige Beispielszenen für *Irion*:

- Irion greift mit seinen kohlschwarzen Rauchhänden aus der längst erloschenen Asche eines Ofens oder Kamins, um nach einem der Helden zu greifen.
- Irion jagt die Helden wie eine finstere Wolke des Schreckens, durchzogen von Dämonenfratzen, durch einen Gang, nur um am Ende des Gangs mit einem starken Windzug zu verpuffen.
- Irion verändert seine Form und heftet sich als Schatten an einen der Helden, welcher dann Grimassen zieht oder pantomimisch über ihn herfällt, um ihm Angst zu machen.

Das Klagen der weißen Frau

Gilia Gathris wandelt apathisch mit langsamen Schritten durch die Gänge und Räume des Anwesens. In ihrer Hand hält sie stets einen Kerzenleuchter, der jedoch kein Licht von sich gibt. Hier einige Beispielszenen für *Gilia*:

- Gilia setzt sich an ein Fenster, blickt traurig hinaus und beginnt, ein wehmütiges Lied zu summen oder zu singen.
- Gilia spaziert langsam und scheinbar ziellos durch das Anwesen, als wäre sie auf der Suche nach etwas.
- Gilia erscheint hinter einem Helden, wenn dieser sich gerade spiegeln kann (etwa in einer Pfütze, einem Spiegel oder einem Fenster), nur um dann verschwunden zu sein, sobald man sich umdreht.

Die Spiele der blutigen Mara

Mara Gathris tänzelt, mal schaurige Kinderlieder trällernd, mal gelangweilt herumstreunend, im Haus herum. Bemerkt sie die Katzen, wird sie ihnen immer wieder hinterherstellen und folgen. Hier einige Beispielszenen für *Mara*:

- Mara steht allein und ruhig im **Flur (O1)**. Sie malt mit ihrem Zeigefinger die Worte „Frei wie ein Vogel" an die Wand, die dort geisterhaft in echtem fließenden Blut erscheinen.

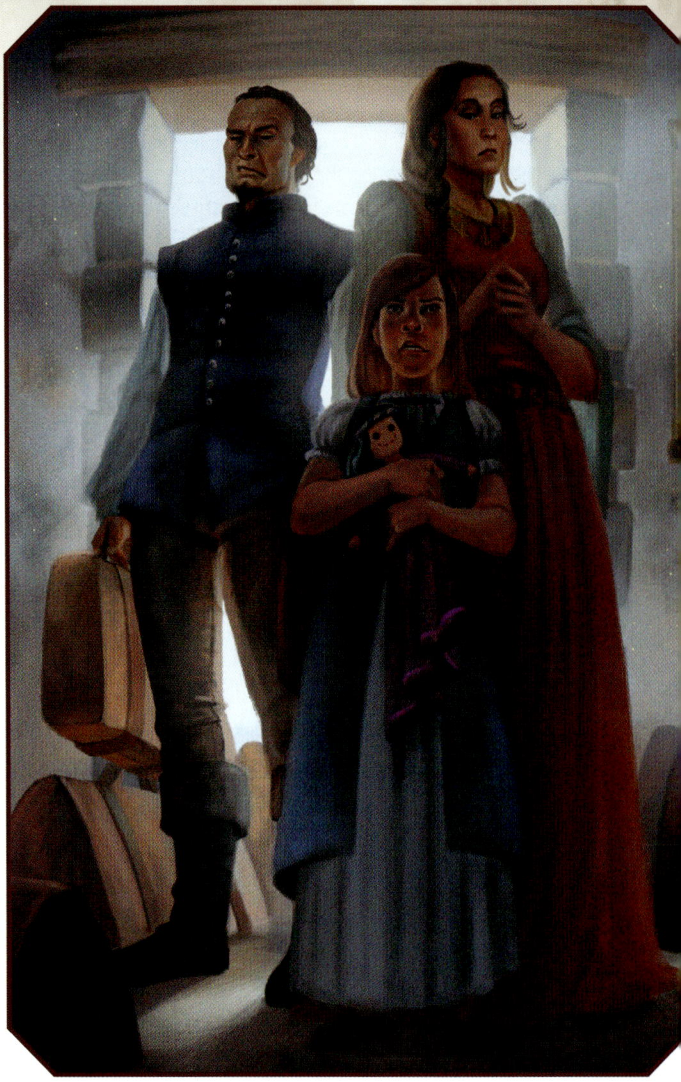

- Mara trägt unsichtbar ihre zurückgebliebenen Spielsachen aus dem Spielzimmer und legt sie sichtbar an Orten ab, an welchen sie vorher noch nicht lagen.
- Mara wartet darauf, dass sie von einer der Katzen gesehen wird und läuft dann zu einer Abzweigung im Haus, nur um schnell um die Ecke zu laufen und zu verschwinden, sobald man versucht, sie zu erreichen.

AUFTRITT DES ERBEN

Haben die Helden sich mit dem Anwesen vertraut gemacht und bereits ihren Kontakt mit den drei Geistern der Gathris-Familie überstanden, kommt die Familie des Halunken Pergrin Jast beim Anwesen an. Sie betreten das Haus durch die Eingangstür und richten sich dann anschließend mit ihrem Gepäck in ihrem neuen Heim ein.

Zum Vorlesen oder Nacherzählen:
Plötzlich hört ihr ein schabendes Geräusch, als sich ein Schlüssel in das Schloss der Eingangstür schiebt. Dann ein metallisches Klacken. Als die Tür sich knarzend öffnet, scheint etwas Licht herein, das die Schatten dreier Gestalten auf den Boden der Eingangshalle wirft. Es sind drei Menschen. Eine für menschliche Maßstäbe sicherlich hübsche Frau, daneben ein Mädchen, das eine Puppe im Arm hält. Hinter ihnen steht ein Mann, eine Augenbraue hochgezogen, mit einer knolligen Nase und einem hämisch freudigen Gesichtsausdruck. Sie tragen Taschen in ihren Händen und betreten mit neugierigem Blick das Haus.

Gesprächsfetzen

Sobald die Familie Jast sich im Anwesen aufhält, können Helden, welche die Menschensprache beherrschen, immer wieder Teile von Gesprächen der Menschen auffangen, die etwas mehr Aufschluss über die Hintergründe geben. Du kannst dich dabei von den Abschnitten **Was bisher geschah** und **Was geschehen wird** (siehe **Seite 3**) inspirieren lassen oder folgende Punkte einbauen:

- *»Sieh nur, Emer – all das ist nun unser! Wie ich versprochen habe!«* – Pergrin zu Emer
- *»Diese Trottel. Kaum schreibt man etwas auf Papier, schon wird es wahr.«* – Pergrin zu sich selbst
- *»Das ist ja alles schön und gut, aber was, wenn sie es uns wieder wegnehmen sobald sie dir auf die Schliche kommen?«* – Emer zu Pergrin
- *»Werde ich das Haus irgendwann auch von dir erben, Vater?«* – Viviane zu Pergrin

DIE BITTE DER GEISTER

Nachdem die Familie Jast im Anwesen angekommen ist, nehmen die Geister heimlich, verborgen vor den Menschen, Kontakt zu den Katzen auf. Sie wollen die Neuankömmlinge vertreiben, fürchten jedoch, dass diese, sobald sie die Geister entdecken, die Kirche des menschlichen Totengottes Boron herbeiholen, um die ruhelosen Seelen ins Jenseits zu schicken. Da die Familie Gathris in ihrem jetzigen Zustand glücklich zusammenleben kann, wollen sie das um jeden Preis verhindern. Sie erhoffen sich also die Hilfe der Katzen, damit diese durch allerlei Schabernack und Krawall den Eindruck erwecken, das Anwesen sei verflucht. Dadurch könnten Pergrin, seine Frau und seine Tochter in die Flucht geschlagen werden. Bezüglich einer Belohnung lassen die Geister mit sich verhandeln und zeigen sich auch nicht knausrig: So können die Erwachten etwa Gefallen bei den Geistern oder sogar das Anwesen als dauerhafte Bleibe und Ausgangsbasis für weitere Abenteuer heraushandeln. Willigen die Helden ein, verkriecht sich die Familie Gathris vorerst, um nicht weiter aufzufallen und lässt den Plänen der Katzen freien Lauf.

SPUK UND GEPOLTER

Natürlich stehen den Helden alle Möglichkeiten offen, den Jasts einen Schauer über den Rücken laufen zu lassen und sie können hier kreativ werden. Im Folgenden lassen sich einige Ideen und Handlungsoptionen für verschiedene Arten von Gepolter, Krawall und Spuk finden, an denen du dich in der Stressentwicklung orientieren kannst.

Option 1: Krawallmacher

Die Helden können im Haus an verschiedenen Stellen Lärm machen oder gruselige Töne von sich geben. Das jagt den Jasts jedoch nicht nur Angst ein, sondern führt auch dazu, dass diese den Geräuschen nachgehen wollen. Die Katzen müssen sich also anschließend schnell verstecken!
Stress: 1

Option 2: Schöne Vase. Wäre eine Schande, wenn …

Im Anwesen befinden sich viele Gegenstände, die sich umwerfen oder zerdeppern lassen. Sollte es den Katzen gelingen, dies unbemerkt zu tun und sich anschließend zu verstecken, wirkt es wahrlich, als wären hier dunkle Mächte am Werk.
Stress: 2

Option 3: Einseifen

Das Einseifen verschiedener Gegenstände mit Seife aus dem **Badezimmer (O5)**, die dann lustig aus den Händen der Jasts flutschen oder sogar verschiedener Möbelstücke wie Stühle oder sogar der Treppe, die zu schmerzhaften Rutschpartien führen, sind ebenso denkbar.
Stress: 2

Option 4: Gift und Galle

Im **Labor (K3)** von Irion Gathris stehen den Helden verschiedene Alchimica zur Verfügung, die sie den Jasts einflößen oder unter das Essen mischen und damit teils drastische Effekte erzielen können.
Stress: 1-4, je nach Wirkung

Option 5: Kinder des Kellers
Gelingt es den Helden, sich mit dem Kakerlakenvolk aus der **Kloake (K4)** zu verbünden, können sie sie auch überzeugen, die „Oberwelt" gegen die Eindringlinge und Feinde ihres Schöpfergottes zu verteidigen.
Stress: 4

Option 6: Gassenhauer
Natürlich kommt auch die aberwitzige und gefährliche Möglichkeit, die Menschen direkt und offen anzugreifen, in Frage. Das erzeugt eine hohe Menge an Stress bei jedem Angriff durch die Katzen, führt jedoch auch zu einem aggressiveren Vorgehen durch Pergrin.
Stress: 4

Option 7: Wir sind alle verrückt hier
Die Erwachten könnten sicherlich auch auf die Idee kommen, die Familie Jast in den Grundfesten ihres Glaubens an die eigene geistige Gesundheit zu erschüttern, indem sie schlichtweg anfangen, in ungesehenen Momenten Mobiliar zu verrücken oder ähnliche Veränderungen am Anwesen vorzunehmen, welche, sobald die Jasts dies bemerken, zu großer Verwirrung führen.
Stress: 1

Von Stress und Panik

Indem die Katzen Krawall anrichten, können sie bei den Mitgliedern der Familie Jast **Stress** erzeugen. Erreicht dieser Stresswert eine bestimmte Schwelle, erzeugt dies bei der betroffenen Person **Panik**. Verfallen Menschen in Panik, hat dies nicht nur Auswirkungen auf die Stressentwicklung ihrer Mitmenschen, sondern führt auch zu panischem Verhalten, wie Schreikrämpfe, ängstliches Weinen oder das Hin- und Herwiegen in der Embryonalstellung.

Person	Stress-schwelle	Panikauswirkung
Pergrin	20	Die Jasts verlassen fluchtartig das Anwesen (siehe unten)
Emer	10	Stressentwicklung x 2 für Pergrin und Viviane, Pergrin beginnt das Haus nach Übeltätern zu durchsuchen
Viviane	5	Stressentwicklung x 2 für Pergrin und Emer

Das Finale

Ein Ende mit Schrecken

Dieser Abschnitt tritt ein, sobald Pergrin in **Panik** verfällt (siehe oben). Dieser verlässt dann fluchtartig mit seiner Familie das Anwesen.

Zum Vorlesen oder Nacherzählen:
Mit schreckgeweiteten Augen, das Gesicht leichenblass, rennt Pergrin Jast zur Haustür des Anwesens. »Verphextes Haus, hier geht doch der Namenlose um! Viviane! Emer! EMER!«, brüllt der Mann durch die Eingangshalle. Mit zittrigen Händen friemelt er den Schlüssel in das Schloss und öffnet die Tür. »Kommt schon! Wir verschwinden von diesem verfluchten Ort!« Als Frau und Kind zu Pergrin eilen, japst Emer: »Hab's doch gesagt! Ich hab's doch gesagt! Du Versager!« Streitend verlassen die Menschen das Anwesen, während sie noch, mal zornig, mal verängstigt, Blicke über die Schultern werfen.

Zwar haben die Helden die Familie Jast nun erfolgreich vertrieben, doch endet das Abenteuer damit noch nicht. Vor dem Haus, beharrlicher, als gedacht, wartet noch immer der streunende Hund, den die Helden mittlerweile vermutlich bereits vergessen haben. Da die Jasts beim überstürzten Verlassen des Hauses die Eingangstür offen gelassen haben, wittert dieser nun die Chance, die Katzen endlich zu fassen.

Zum Vorlesen oder Nacherzählen:
Gerade, als ihr euren Erfolg und die damit einhergehende Flucht der Menschen feiert, dringt ein Geräusch an euer Ohr. Das schwere Tapsen von vier Pfoten. Dann ein tiefes, kehliges Knurren. Als ihr herumwirbelt, seht ihr ihn: Den verdammten Hund, der euch vor kurzem noch über die Straßen Havenas bis hierher gejagt hat. Was für ein hartnäckiges Biest! Geifernd, die Lefzen hochgezogen und damit sein hässliches, gefährlich starkes Gebiss präsentierend, betritt er langsam die Eingangshalle. Ihr hört,

wie er beginnt, zu schnuppern. Das Schnuppern eines Raubtieres. Und es hat Witterung aufgenommen.

Der Hund wird sich nun im Anwesen auf die Suche nach den Katzen machen. Die Helden können sich entweder verstecken, ihre Spuren verwischen (selbst Gerüche mit dem Essig aus der **Abstellkammer (E5)**) oder sich der Gefahr von Angesicht zu Angesicht stellen. Sobald das Biest die Katzen entdeckt, geht er zum Angriff über und es kommt zum Kampf.

Sind die Helden bereits zu angeschlagen, um diesen Kampf auch nur ansatzweise zu überstehen, können natürlich auch die mittlerweile möglicherweise befreundeten Geister eingreifen, um den Hund mit einem großen Schrecken zu vertreiben.

GEISTERDANK

Wurden die Jasts vertrieben und konnten die Helden den Hund bezwingen oder ihren Verfolger schlichtweg abschütteln, endet das Abenteuer mit dem Dank der Familie Gathris. Sie zeigen sich überaus glücklich und schließen die Katzen fest in ihre Herzen.

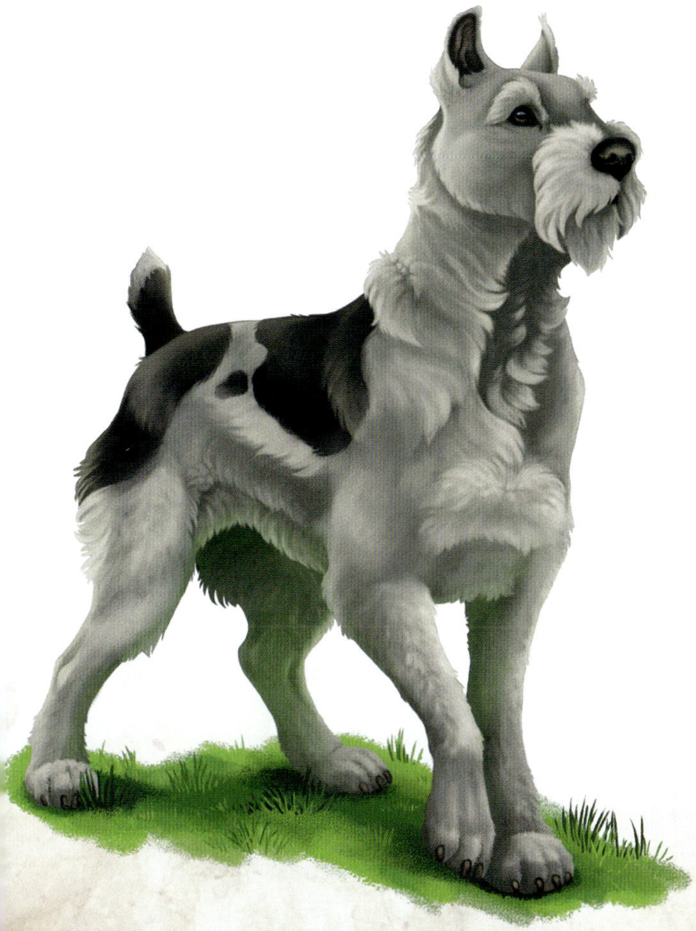

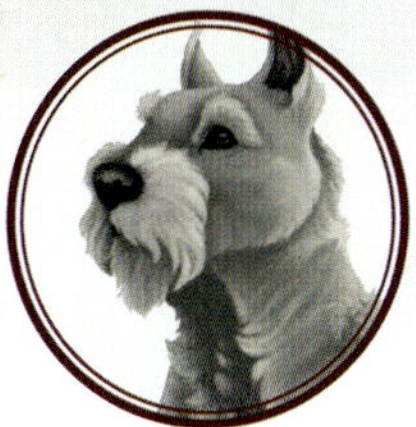

Wehrheimer Bluthund (Straßenköter)

Länge: 0,85 bis 1 Schritt (ohne Schwanz); 0,60 bis 0,65 Schritt Schulterhöhe
Gewicht: 35 Stein

MU 15	**KL** 12(t)	**IN** 13	**CH** 10
FF 10	**GE** 13	**KO** 22	**KK** 22
SK 3	**ZK** 12	**Ini** 14 + 1W6	
LE 80	**RS** 0	**GS** 12	**VW** 6

Biss: **AW** 26 **TP** 2W6+4 **RW** mittel
Anspringen: **AW** 21 **TP** 1W6+3 **RW** kurz; bei erfolgreicher Attacke gilt das Opfer als *Auf dem Rücken*
Aktionen: 1
Fertigkeiten: Körperbeherrschung 24, Kraftakt 26, Selbstbeherrschung 27, Sinnesschärfe 28, Verbergen 25, Willenskraft 27
Größenkategorie: groß
Typus: Tier
Beute: 140 Tagesrationen Fleisch, Fell, Zähne
Kampfverhalten: Kleinere Gegner wie erwachte Katzen wird der Wehrheimer zuerst anspringen um den am Boden liegenden Helden daraufhin mit Bissen zu übersähen. Nur falls man sich selbst aus der Position befreit oder einem Gefährten mindestens 10 Schadenspunkte mit einem einzigen Schlag gelingen sucht sich der Wehrheimer ein neues Opfer (meist denjenigen, der den letzten Schaden verursacht hat). Der Wehrheimer versucht ab einem **LE**-Verlust von 75% zu fliehen.
Tierkunde:

- **QS 1:** Solche laufen meist mit den Menschen herum, die eine lange Stabaxt bei sich tragen.
- **QS 2:** So einer darf dich niemals alleine irgendwo auf dem Revier „seines" Menschen erwischen, wenn dir dein Leben lieb ist.
- **QS 3+:** Die meisten Hunde lassen sich durch geworfene Dinge oder Futter ablenken, aber diese beißen sich buchstäblich an ihrem Vorhaben fest.

Schmerz +2 bei: 60 LeP, 40 LeP, 20 LeP, 5 LeP oder weniger

Lohn der Mühen

Bei Abschluss des Abenteuers erhalten die Helden je **15** Abenteuerpunkte. Außerdem bietet die Geisterfamilie ihnen, falls sie erfolgreich helfen konnten, Unterschlupf in ihrem Haus an. Das gespenstische Gathris-Anwesen kann damit das Hauptquartier und damit die Ausgangsbasis vieler weiterer Abenteuer für deine Helden werden.

Jenseits des Spiegels

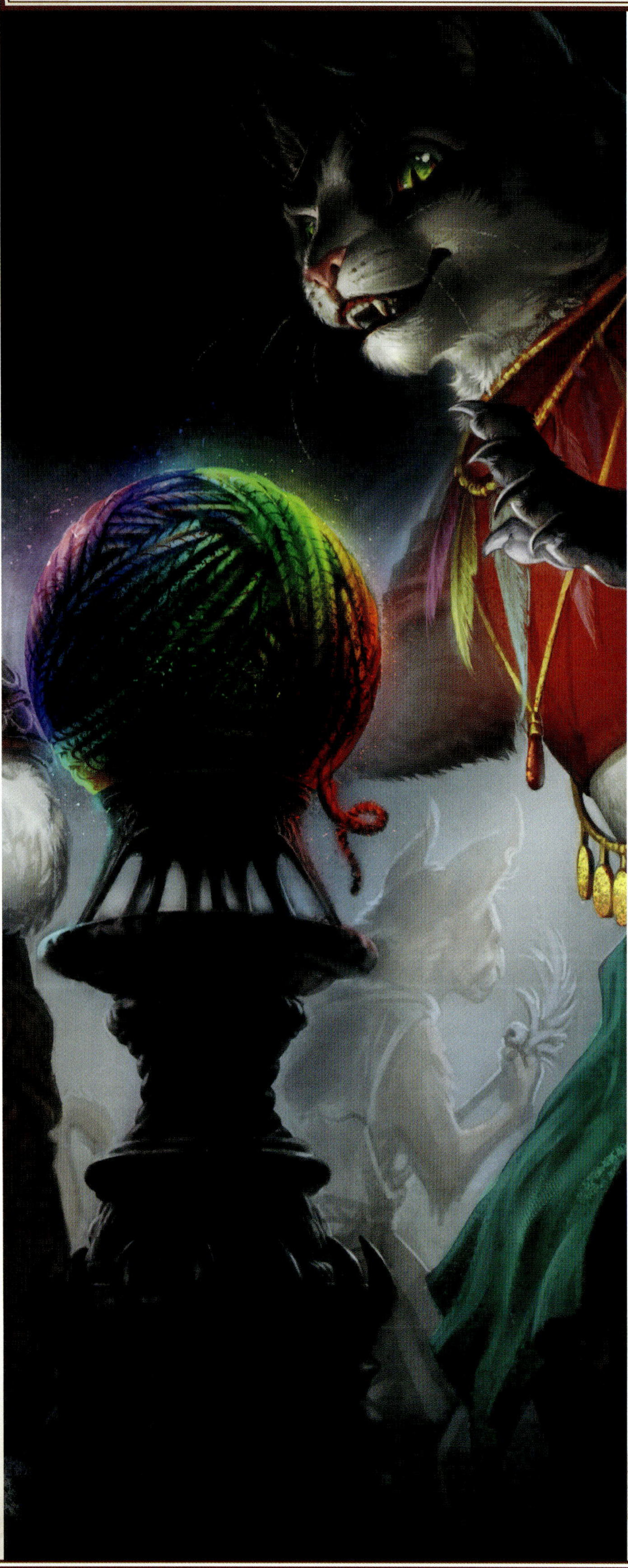

von Jens Ullrich

Nachdem die Ahnen die Welt geschaffen hatten, legten sie sich für einige Zeit zur Ruhe. Doch Aphasma war von Langeweile getrieben, und so blickte sie in den Himmel, an dem Wolken um die gerade geschaffene Sonne tanzten. Und sie sah, wie ein Regenbogen sein buntes Band über das Firmament spannte. Ihre Augen glitzerten, als die das farbige Glimmen und Glänzen sah, und mit einer Kralle fing sie an, einen Faden aus dem Regenbogen zu ziehen. Auf dem Rücken liegend zog sie immer weiter, Stück für Stück, bis sie ein ganzes Knäuel aus glänzenden, bunten und sich ständig wandelnden Regenbogenfäden ihr eigen nannte. Der Regenbogen aber blieb fadenscheinig und durchscheinend am Himmel zurück. Lange Zeit blieb das Regenbogenknäuel ihr liebstes Spielzeug, bis sie das Interesse an ihm verlor und es verschenkte.

– Mutter Mika

Das Abenteuer für den eiligen Leser

Stichworte zum Abenteuer: eine Schatzsuche, die die Charaktere an einen fremdartigen und bedrohlichen Ort führt, Informationssammlung und -kombination, Erkundung der Unterstadt und von Nahemas Turm. Umgang mit einem legendären Schatz
Genre: Schatzsuche
Komplexität Spieler/Meister: gering/gering
Erfahrung der Helden: Einsteiger
Ort: Havena, Stadtteile Orkendorf und Unterstadt
Zeit: ab 3 HL
Heldeneignung: neugierige und gierige Charaktere

Wichtige Fertigkeiten

●●●○○	Körperfertigkeiten
●●○○○	Gesellschaftsfertigkeiten
●○○○○	Geistesfertigkeiten
●○○○○	Handwerksfertigkeiten
●○○○○	Kampffertigkeiten

DAS ABENTEUER IM ÜBERBLICK

Vor Ewigkeiten

Nahema, ein von den Magiern Aventuriens nur hinter vorgehaltener Hand ausgesprochener Name. Die Jahrhunderte alte Zauberkundige beeinflusste den Lauf der Geschichte immer wieder mit ihrer unberechenbaren Art, förderte Kaiser und brachte andere zu Fall. Vor Jahrhunderten, lange vor der großen Flut, ließ sie in Havena einen dunklen Turm als ihre Heimstatt errichten. Den Katzen Havenas ist Nahema als „Katze, die ein Mensch wurde" bekannt, die erste Tochter Aphasmas. Und so kursieren unter den Katzen viele Geschichten über Nahema und ihren Turm, der immer noch jenseits der Unterstadt aus dem Brackwasser aufragt.

Gestern

Aurel Dreibein war ein begnadeter Dachtänzer und Straßenkämpfer, bis ein Wachhund ihm ein Hinterbein abbiss. Seitdem schlägt er sich als Müllwühler durch. Letzte Nacht hatte er Glück: In einem Garten in Oberfluren hat er eine große Katzenminzepflanze gefunden. Nachdem er sich in ihr gewälzt und die Blätter und Triebe gegessen hatte, ist er dank der Minze voller Mut und Tatendrang in eines der Häuser geklettert. Im Arbeitszimmer eines Gelehrten fand er eine Flasche Likör, von der er sich ein paar ordentliche Züge genehmigte. Betrunken und aufgeputscht fand er ein aufgeschlagenes Buch mit einem Bild, das ihn faszinierte. Er riss die Seite heraus, um dann weiter durch die Gärten zu ziehen. Am nächsten Tag blieben von der Nacht nur heftige Kopfschmerzen, Übelkeit und die zusammengefaltete Buchseite, aber kaum eine Erinnerung, was in der Nacht geschehen war. Aber Aurel ist sich sicher: Dieses Pergament ist ein Zeichen der Ahnen, vielleicht eine Schatzkarte, die ihm endlich wieder zu Reichtum und Ansehen verhelfen wird.

Aber große Pläne benötigen auch große Mittel, und diese wollte er auf der Mäuserennbahn auftreiben. Leider war das Glück ihm nicht hold und er verlor seine „Schatzkarte" bei einer Wette an drei Katzen des Drei-Häuser-Rudels. Nun sitzt er schmollend in einer Ecke und hadert mit seinem Schicksal.

Heute

Eine Schatzkarte lockt natürlich Abenteurer an. Wenn die Charaktere die Karte in ihre Pfoten bekommen, gilt es sie zu verstehen und sich dann auf die Suche zu machen. Dies entpuppt sich bei dieser „Karte" als schwierig, da es sich tatsächlich um ein Bild und Menschenschrift handelt. Zum Glück gibt es Mohrle Zitterbart, die Sprache und Schrift der Menschen versteht. Ihre Übersetzung kann nur eines bedeuten: Nahema, „die Katze, die ein Mensch wurde", ist im Besitz des legendären Regenbogenknäuels, und sie verwahrt es im schwarzen Turm in der Unterstadt. Nun gilt es den schwarzen Spiegel, das dunkle Wasser zwischen Havena und dem Turm, zu überwinden, in den Turm einzudringen und das Knäuel an sich zu bringen.

Die Mäuserennbahn

Zum Vorlesen oder Nacherzählen:

Endlich wieder Rennabend! Es riecht nach Stroh, nervösen Mäusen und Wetten. Stubentiger aus Oberfluren, Orkendorfer Straßenkatzen und Tieflinge drängen sich am Ziel, lachen, jubeln und fluchen, wenn die kleinen Rennmäuse durch ihre Bahnen herangeeilt kommen. Tauscher preisen ihre Maus am Stock, Rahm und Eierlikör an, während schöne Dinge nach Sieg oder Niederlage ihren Besitzer wechseln. Kurz, es herrscht ausgelassene Stimmung. Einzig ein heruntergekommener Kater, der in einer Ecke sitzt und schmollt, stört das Bild.

Atmosphäre: Die entspannte und ausgelassene Stimmung der Mäuserennbahn kann in die Spannung eines gewieften Trickbetrugs, eines eiligen Diebstahls mit Flucht oder eines offenen Kampfes umschlagen.

Auf der Rennbahn

Es ist ein trockener, relativ warmer Herbstabend. In der Scheune von Reikan Schattenläufer sind drei Dutzend Katzen anwesend, und es werden im Laufe des Abends immer mehr, denn die großen Mäusezüchter treffen sich zum Rennen. Neben Reikan lassen der alte Graumähne und Rondo Klauentänzer ihre Rennmäuse antreten, und auch einige Neulinge sind mit ihren Mäusen vertreten. Vielleicht besitzt auch ein Charakter eine Rennmaus, die er ins Rennen schicken will. Ansonsten ist die

Mäuserennbahn ein guter Ort um zu sehen und gesehen zu werden, Geschäfte zu machen oder eine gute Zeit bei spannenden Rennen und dem einen oder anderen Schälchen Rahm zu haben (siehe auch **Auf der Rennbahn** im **Regelwerk, Seite 29**).

Der Sprung ins Abenteuer

Aurel Dreibein sitzt schmollend in einer Ecke und schaut dem Treiben auf der Rennbahn zu. Möglicherweise ist er ein alter Bekannter der Charaktere oder wird aus Interesse oder Mitleid von ihnen angesprochen. Ansonsten wendet er sich selbst an einen von ihnen. Er erzählt, dass drei Straßenkämpfer des Drei-Häuser-Rudels ihm seine Schatzkarte weggenommen haben. Er unterschlägt dabei, dass er sie beim Rennen verloren hat. Bohren die Charaktere nach, wird er behaupten, die drei hätten das Rennen manipuliert. Das stimmt zwar nicht, aber Aurel ist viel zu frustriert und in Selbstmitleid versunken, um den Fehler bei sich zu suchen. Kennen sich die Charaktere noch nicht untereinander, können sie das Gespräch auf der Rennbahn durchaus mitbekommen, auch weil Aurel nicht allzu leise spricht. Und das Wort „Schatzkarte" dürfte durchaus Interesse wecken.

Aurel ist pleite und kann den Charakteren nichts bieten, außer einem Anteil seines Schatzes, und er wird auch kaum etwas dagegen unternehmen können, sollten sich die Charaktere nach getaner Arbeit mit der Karte aus dem Staub machen.

Fragen die Charaktere nach, um was für einen Schatz es sich handelt, wird seine Antwort recht schwammig ausfallen. Der Schatz ist enorm und wunderschön, und er spürt es in seinen Schnurrhaaren, dass die Karte zu großen Reichtümern führt.

DREI HÄUSER FÜR EINEN SCHATZ

Bei den drei Katzen vom Drei-Häuser-Rudel (siehe **Das Drei-Häuser-Rudel** im **Regelwerk, Seite 48**) handelt es sich um den Dachtänzer Toller Deinsmeins und die beiden Straßenkämpferinnen Ronda Zehbiss und Andara Wellenklinge. Sie sind farbenfroh gekleidet, bewaffnet, tragen aber keine Rüstungen. Sie wollen sich auf der Rennbahn einen schönen Abend machen und ein paar Wetten platzieren. Andara hat aus Mitleid mit Aurel ein Säckchen Strasssteine gegen seine angebliche Schatzkarte gewettet und gewonnen. Nun trägt sie das zusammengefaltete Stück Pergament unter dem Arm. Alle drei nehmen Aurels Schatzgerede wenig ernst und messen dem Pergament kaum Wert bei, auch wenn es eine hübsche Zeichnung aufweist.

Wege zur Karte

Wenn man die Katzen auf das Pergament anspricht, sind sie bereit, es gegen schöne Dinge im Wert von 10 🐟 zu tauschen. Gegebenenfalls kann man diesen Preis auch noch mit einer vergleichenden Probe auf *Umschmeicheln* gegen *Willenskraft* bis auf 7 🐟 herunterhandeln. Alternativ kann man versuchen ihnen die Karte zu stehlen, wobei dies schwierig ist, ohne dass einer der dreien etwas merkt, nicht zuletzt, da das Pergament recht groß ist und unter Andaras Arm klemmt. Man kann sie aber ablenken, Andara das Pergament entreißen und dann türmen. Hieraus kann sich ein interessantes Katz-und-Maus-Spiel in Orkendorf entwickeln. Man kann auch einen Streit vom Zaun zu brechen und die drei bedrohen beziehungsweise sie angreifen. Während Toller vorsichtig ist und einen solchen Konflikt friedlich schlichten möchte, ist Andara eine geschickte Kämpferin und Ronda sehr reizbar.

Die Rudelkatzen in Werten

Toller und Andara führen Schwertmesser mit sich. Ronda trägt ein langes Schwertmesser auf dem Rücken. Alle drei sind ungerüstet und eigentlich auf keinen Kampf aus, werden sich aber ihrer Haut erwehren.

MU 12	**KL** 12	**IN** 12	**CH** 11
FF 13	**GE** 14	**KO** 14	**KK** 13
SK2	**ZK** 4	**Ini** 13 + 1W6	
LE 34	**RS** 0	**GS** 6	

Raufen: **AW** 29/4 **VW** 7 **TP** 1W6+1 **RW** kurz

Schwertmesser: **AW** 31/5 **VW** 8 **TP** 1W6+4 **RW** mittel

Langes Schwertmesser: **AW** 30/4 **VW** 8 **TP** 2W6+3 **RW** lang

Fertigkeiten: Einschüchtern 24/3, Friemeln 25/3, Körperbeherrschung 27/3, Kraftakt 25/3, Selbstbeherrschung 23/2, Verbergen 23/2, Willenskraft 24/3

Sonderfertigkeiten: Finte I, Haltegriff, Kopfnuss, Ohrbiss, Schnellziehen, Präziser Angriff I

Die Schatzkarte

Die Bedeutung der Karte

Die „Schatzkarte“ ist eine herausgerissene Seite aus einem alten Folianten, der sich mit Mysterien Aventuriens beschäftigt. Diese Seite dreht sich hauptsächlich um die geheimnisvolle Magierin Nahema und die Frage, woher sie wohl kommen mag, ob sie ein göttliches oder dämonisches Wesen ist und warum sie Zeit in Havena verbracht hat. Der Text ist verschwurbelt geschrieben und nur schwer nachvollziehbar. Außerdem ist er in der toten Sprache Bosparano verfasst, die nur noch menschliche Gelehrte verwenden. Rot eingekreist ist der Name Nahema, da der Gelehrte, aus dessen Schreibzimmer die Seite stammt, sich auch mit Nahema und ihrer Bedeutung für Havena beschäftigt hat. Für die Katzen hingegen hat das, was sich auf dieser Seite befindet, eine völlig andere Bedeutung. Denn dieses bunte, runde Ding in der Buchillustration kann nur ein Objekt sein, und zwar das lang verschollene Regenbogenknäuel Aphasmas. Die Legende um dieses Knäuel kursiert unter Aphasmakindern und wird Kindern erzählt. Der eingekreiste Name Nahema lässt vermuten, dass Nahema, die hier wohl als Menschenfrau dargestellt ist, dieses Knäuel besitzt. Diese Verbindung war bisher niemandem bekannt, und somit sind die Charaktere die ersten, die das Knäuel bei Nahema suchen würden. Ein solches Knäuel, von Aphasma persönlich aufgewickelt, bunt schimmernd und mit wechselnden Farben, ist ein riesiges Vermögen wert, und wer es besitzt, oder gar Kleidung aus dieser Wolle trägt, dürfte von allen bewundert und beneidet werden.

Das Regenbogenknäul

Nachdem die Ahnen die Welt geschaffen hatten legten sie sich für einige Zeit zur Ruhe. Doch Aphasma war von Langeweile getrieben, und so blickte sie in den Himmel, an dem Wolken um die gerade geschaffene Sonne tanzten. Und sie sah, wie ein Regenbogen sein buntes Band über das Firmament spannte. Ihre Augen glitzerten, als sie das farbige Glimmen und Glänzen sah, und mit einer Kralle begann sie einen Faden aus dem Regenbogen zu ziehen. Auf dem Rücken liegend zog sie immer weiter, Stück für Stück, bis sie ein ganzes Knäuel aus glänzendem, bunten und sich ständig wandelnden Regenbogenfäden ihr Eigen nannte. Der Regenbogen aber blieb fadenscheinig und durchscheinend am Himmel zurück. Lange Zeit blieb das Regenbogenknäuel ihr liebstes Spielzeug, bis sie das Interesse an ihm verlor und es verschenkte.

Das Knäuel

Nun gilt es herauszufinden, worum es sich bei diesem Pergament überhaupt handelt. Aurel hat keine Ahnung, woher er es hat. Das Knäuel in der Buchillustration ist leicht identifiziert. Mit einer erfolgreichen Probe auf *Geschichten*, erleichtert um +5, für Aphasmakinder, Schoßkatzen und andere aphasmaaffine Charaktere um +10, kennen die jeweiligen Charaktere folgende Legende. Sind sie alle erfolglos, ist es aber nicht schwer, jemanden zu finden, der sie kennt. Selbst Aurel kann ihnen die Geschichte vom Regenbogenknäuel erzählen.

Nahema

Schwieriger herauszufinden ist, was das Gekrakel bedeutet, speziell das rot eingekreiste. Menschenschrift ist unter Katzen kaum verbreitet. Wenn nicht zufällig einer der Charaktere Menschenschrift lesen kann, sollten sie jemanden suchen, der sie beherrscht. Hier bietet sich Mohrle Zitterbart an, eine Menschenforscherin, die gerne Menschen beobachtet und sich tiefergehend mit ihren Sitten und Gebräuchen beschäftigt (siehe auch **Mohrle Zitterbart** im **Regelwerk**, **Seite 59**). Sie beherrscht die Menschensprache und hat sich mühsam auch deren Schrift beigebracht. Um dies zu wissen und ihren üblichen Aufenthaltsort zu kennen, ist eine erfolgreiche Probe auf *Gassenkunde* nötigt. Sind die Charaktere hier erfolglos, werden sie beim Herumfragen sehr schnell auf Mohrle verwiesen.

Nachts hält sich Mohrle im Speicher des Hesindetempels in der Nähe des Schlachthofs am Ostufer auf. Dort, im Büchermagazin hinter Reihen von verstaubten Bücherregalen, hat sie ihr gesammeltes Wissen in Form von Notizen, Skizzen und herausgerissenen Zetteln über die Rückwand des Speichers verteilt und mit Linien und festgenagelten Schnüren verbunden, um wie eine leicht verrückte Verschwörungstheoretikerin „die Wahrheit“ hinter all den Einzelinformationen zu

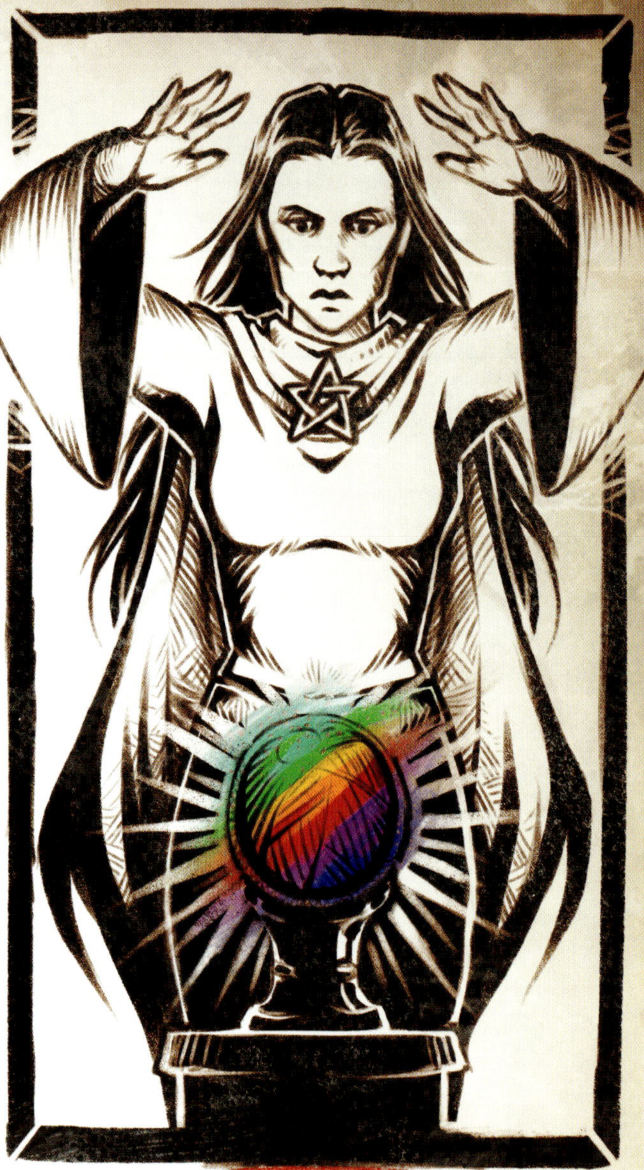

erkennen. Sie wirkt dabei recht abwesend und wird den Charakteren nur missmutig helfen.
Sie will von sich aus keine Gegenleistung, nimmt aber durchaus alles, was die Charaktere ihr anbieten. Sie kann nur die eingekreisten Zeichen übersetzen, den Namen Nahema. Der Rest des Textes ist für sie, da sie die alte Sprache Bosparano nicht beherrscht, unsinniges Kauderwelsch.
Der Name Nahema könnte den Charakteren bekannt sein. Mit einer erfolgreichen Probe auf Geschichten kennen die Charaktere diese Legende. Im Zweifelsfalle kann Mohrle hier aushelfen, sollten die Charaktere nachfragen.

Eins zum anderen

Nun können auch die Charaktere die Informationen zusammensetzen. Nahema hat das Knäuel, und sie hat lange im schwarzen Turm gewohnt. Also ist es vermutlich dort.
Wenn die Charaktere so den Sinn der Schatzkarte durchschaut haben, erhalten sie jeweils bis zum Ende des Abenteuers eine Stufe des Zustands Selbstbewusstsein, denn immerhin haben sie einen Schritt auf der Suche nach einem legendären Schatz gemacht.

Die Legende von Nahema

Die Tochter des Wanderers und Aphasmas soll vor Urzeiten die Katzen der Welt mit allerlei groben Streichen und Schabernack malträtiert haben. Ihr bissiger Spott war bekannt und gefürchtet, und bald hatte sie jeder einzelnen Katze auf der Welt einen Streich gespielt. Davon gelangweilt beschloss sie, neue Opfer zu suchen und fand sie in den tumben und närrischen Menschen. Sie verwandelte sich in eine Menschenfrau, um unerkannt unter ihnen zu wandeln, und begann, ihnen grausame Streiche zu spielen. Es heißt, Nahema habe auch lange Zeit in Havena gelebt und jenseits des schwarzen Spiegels einen Turm errichtet, den man tatsächlich bei gutem Wetter vom Südhafen aus sehen kann. Niemand weiß, wo sie sich nun herumtreibt, da sie in ihrem Drang zur Wanderschaft ihrem Vater zu folgen scheint, aber wo auch immer sie stecken mag, werden die Menschen wohl unter ihrem Spott und ihren Streichen leiden müssen.

Die große Fahrt

Zum Vorlesen oder Nacherzählen:

Mit jedem Ruderschlag schiebt sich euer Gefährt weiter fort von der mit Leben pulsierenden Altstadt und führt euch in eine Welt der Dunkelheit, der Stille und Fäulnis. Stammt dieses Gluckern nur von Gasblasen oder von einer Kreatur jenseits des Spiegels? War der Schatten hinter den Ruinen ein Nebelfetzen oder ein Geist, der seinen Rachedurst mit dem Blut lebender Kreaturen stillen will? Die Unterstadt ist wahrlich kein Ort für schwache Nerven.

Atmosphäre: Es geht in die Unterstadt, einen Ort, der unter Katzen verrufen ist. Nebel, Schatten zwischen den Ruinen und Bewegungen im Wasser können die Nerven ziemlich auf die Probe stellen.

Der schwarze Turm ist vom Damm, der zwischen Fischerdorf und dem Südhafen verläuft, gut zu sehen. Doch der Weg dorthin führt durch einen guten Teil der Unterstadt, und das bedeutet Ruinen, sumpfige Inseln und jede Menge Wasser. Über die Unterstadt kursieren viele Gerüchte, und sie gilt als ausgesprochen gefährlich. Riesige Napfspinnen, Haie, giftige Muränen und Quallen sollen dort ihr Unwesen treiben, und sicher noch ganz andere, furchtbare Monstrositäten. Zudem gilt der Turm als verfluchter Ort, von dem man sich fernhalten sollte. Wie also zum Turm gelangen?

Die Fischerkatzen

Am Damm, dem Südhafen und in Fischerdorf treiben sich Fischerkatzen herum. Es ist allgemein bekannt, dass einige von ihnen auch mit selbstgebauten Booten hinaus auf den schwarzen Spiegel fahren, um Fische zu fangen. Sprechen die Charaktere einige von ihnen an, werden sie schnell mitbekommen, dass keine Fischerkatze willens ist, sie zum Turm zu fahren. Selbst mit gutem Zureden, Bestechung oder Drohungen ist niemand bereit, den gefährlichen Weg zum Turm zu wagen. Viel zu gefährlich ist eine solche Reise, und der Turm selbst ist auch kein Ort, zu dem irgendwer freiwillig gehen würde. Wenn die Charaktere nachhaken, wer denn dorthin fahren würde oder wenn sie so aufdringlich werden, dass die Fischerkatzen sie loswerden wollen, werden sie die Charaktere zu Arak schicken.

Arak

Der Kater Arak schläft im Schlamm unter einem umgestürzten Baum, der ins Wasser ragt. Man kann ihn zuerst nicht sehen, aber wenn man nach ihm sucht, wird er erwachen, sodass man zumindest seine Augenreflexionen im Schlamm sehen kann. Arak ist den Charakteren und ihrem Anliegen gegenüber recht gleichgültig und wird nach ein paar Momenten seine schlammige Schlafstatt verlassen und sich den Charakteren zeigen. Arak ist unbekleidet, über und über mit Schlamm und Algen bedeckt und tropft beständig, was ihm aber nicht das Geringste ausmacht.

Er will wissen, warum die Charaktere zum Turm wollen und wird ihnen erklären, dass die Unterstadt ein gefährlicher Ort ist. Über die Beweggründe der Charaktere lässt er sich nur schwerlich einen Bären aufbinden. Schlussendlich wird er recht unvermittelt und ohne weitere Forderungen einwilligen, einerseits weil er sehen möchte, was die Charaktere vorhaben, und andererseits mit der leisen Hoffnung, dass er aus dem möglichen Tod der Charaktere ein Geschäft mit den Dingen der Tiefe machen kann, die ihm seine Seele genommen haben. Daher wird er den Charakteren in Gefahrensituationen auch nicht helfen, ihnen andererseits aber auch nicht aktiv schaden (siehe auch **Die Unterstadt** im **Regelwerk, Seite 41** und **MI: Arak** im **Regelwerk, Seite 239**).

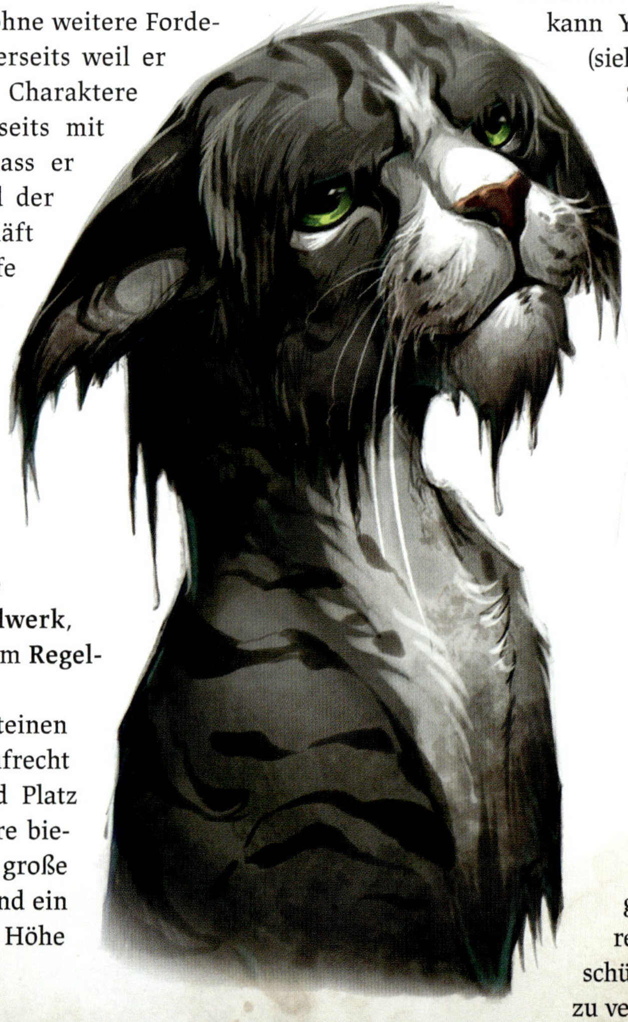

Sein „Boot“ ist ein mit Steinen beschwertes Fass, das aufrecht im Wasser dümpelt und Platz genug für alle Charaktere bietet. In ihm liegen zwei große Holzlöffel zum Rudern und ein Brett, das man in halber Höhe ins Fass klemmen kann, um über den Fassrand schauen und rudern zu können.

Die Fahrt durch die Unterstadt ist beunruhigend, aber mit Arak als Begleiter relativ ungefährlich. Man mag in den Ruinen ab und zu Geister wie die Familie Fettmilch (siehe **Familie Fettmilch** im **Regelwerk, Seite 216**) sehen und vielleicht tastet eine Große Napfspinne das Fass ab. Aber da Arak selbst ein Teil der dunklen Seite der Unterstadt ist, werden sie die Katzen in Frieden lassen.

Das eigene Boot

Statt mit Arak als Fährmann können die Charaktere auch ohne Hilfe die Überfahrt wagen. Vielleicht haben sie eines der Boote der Fischerkatzen gestohlen oder ertauscht, oder sie haben ein Floß improvisiert oder einen anderen schwimmenden Untersatz gefunden. Die Fahrt durch die Unterstadt führt in diesem Falle dazu, dass sich eine neugierige wie gefräßige Kanalspinne (**siehe Regelwerk, Seite 203**) an ihr Gefährt heranmacht, um herauszufinden, ob man es oder die Katzen in ihm essen kann. Dies kann zu einem Angriff der Kanalspinne auf die Katzen führen. Wenn es allzu eng wird, kann Ybalio, der Fischmensch, (siehe **Ybalio** im **Regelwerk, Seite 59**) ihnen zur Hilfe eilen. Es geht dabei nicht darum, ihnen den Triumph über die Kanalspinne zu nehmen, sondern eher darum ihnen einen hilfreichen Begleiter zur Seite zu stellen, der sie den restlichen Weg durch die Unterstadt unterstützt. Daher mag er auch erst nach dem Kampf auftauchen. Ybalio liebt Katzen und beherrscht einige Worte ihrer Sprache. Er wird sie vor den Gefahren der Unterstadt warnen und hält den Besuch des schwarzen Turmes für keine gute Idee, wird die sturen Katzen aber eher beschützen, als ihnen den Weg zu versperren.

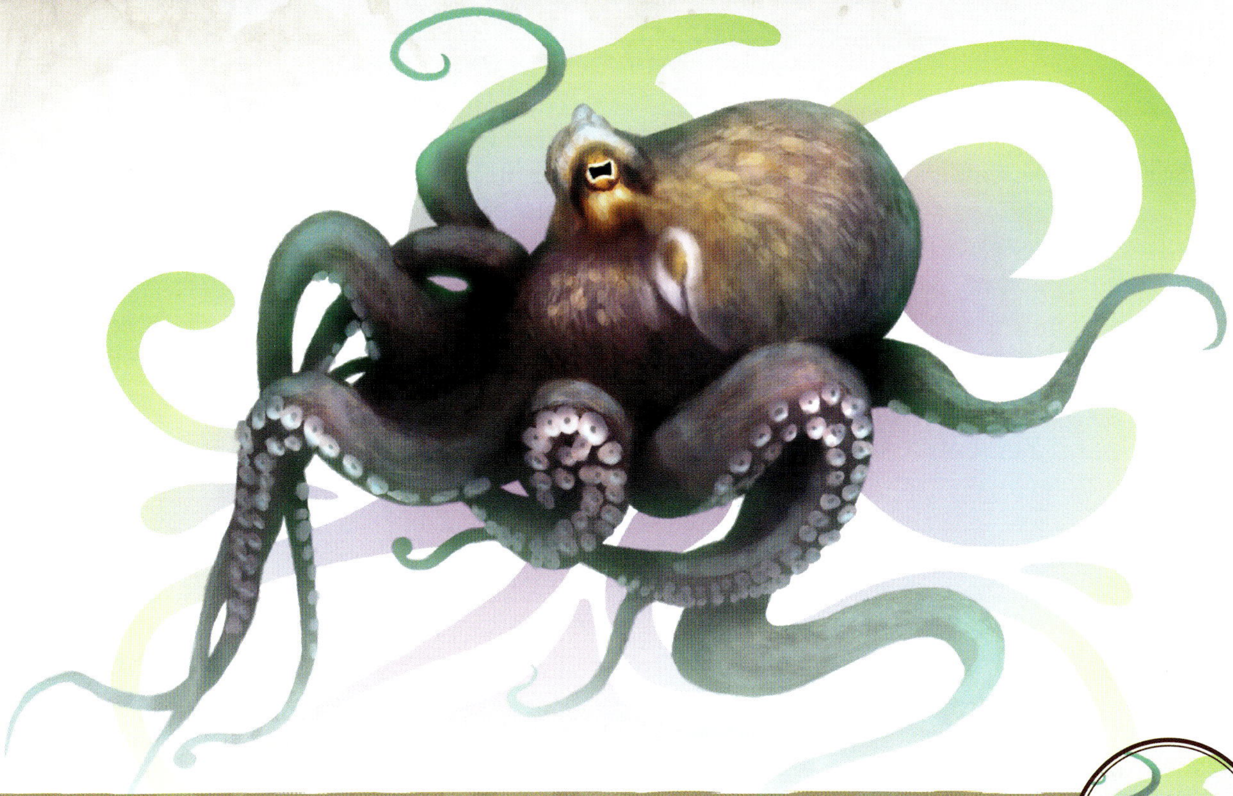

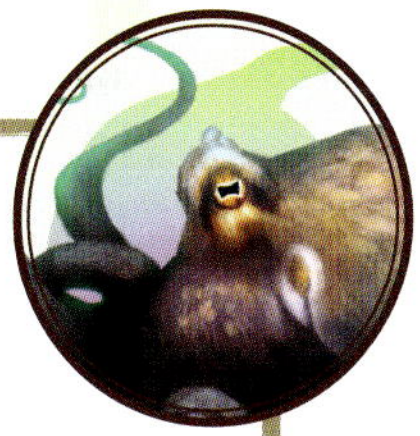

Große Napfspinne

Länge: 0,5 Schritt ohne Tenakel, 2,5 Schritt mit Tentakeln **Gewicht:** 40 Stein

MU 13	**KL** 14(t)	**IN** 12	**CH** 9
FF 15	**GE** 12	**KO** 22	**KK** 24
SK 4	**ZK** 13	**Ini** 13 + 1W6	
LE 85	**RS** 1	**GS** 6	**VW** 6

Tentakel: AW 29 **TP** 1W6+3 **RW** lang

Biss: AW 32 **TP** 3W6+4 **RW** kurz

Aktionen: 3, davon maximal 1 Biss

Fertigkeiten: Friemeln 27, Körperbeherrschung 29, Kraftakt 34, Selbstbeherrschung 25, Verbergen 28, Willenskraft 22

Sonderfertigkeiten: Mächtiger Haltegriff (wie Haltegriff, kann so gegriffene Gegner zu sich heranziehen und in der nächsten Aktion beißen), Tintensprühen (kann unter Wasser große Tintenwolken verbreiten, um ungesehen zu verschwinden), Farbwechsel (+5 auf *Verbergen*, wenn sie sich versteckt und unbewegt bleibt)

Größenkategorie: groß

Typus: Tier

Beute: 50 Tagesrationen

Kampfverhalten: Die große Napfspinne tastet zuerst potentielle Beute ab. Dann versucht sie sie zu greifen und zu ihrem schnabelartigen Maul zu ziehen. Verliert sie 50 Prozent ihrer Lebensenergie oder zwei Tentakel, versucht sie zu fliehen und sucht ihr Heil unter Wasser.

Tierkunde:

- **QS 1:** Napfspinnen haben acht Arme mit Saugnäpfen und einen kräftigen Schnabel
- **QS 2:** Napfspinnen sind amphibisch und können einige Zeit außerhalb des Wassers überleben
- **QS 3+:** Napfspinnen sind neugierig. Sie tasten potentielle Beute ab, bevor sie sie in die Tiefe ziehen.

Besonderheiten: Um einer großen Napfspinne ein Tentakel abzuschlagen, muss vor der Attacke ein Angriff auf das Tentakel angekündigt werden. Nur Waffen mit einer scharfen Klinge können ein Tentakel durchdringen. Dazu sind 12 Trefferpunkte notwendig, die innerhalb von 1 KR erzielt werden müssen, da man nach kurzer Zeit die angeschlagene Stelle des Fangarms nicht noch einmal treffen kann.

Schmerz +2 bei: 64 LeP, 43 LeP, 21 LeP, 5 LeP oder weniger

Nahemas Turm

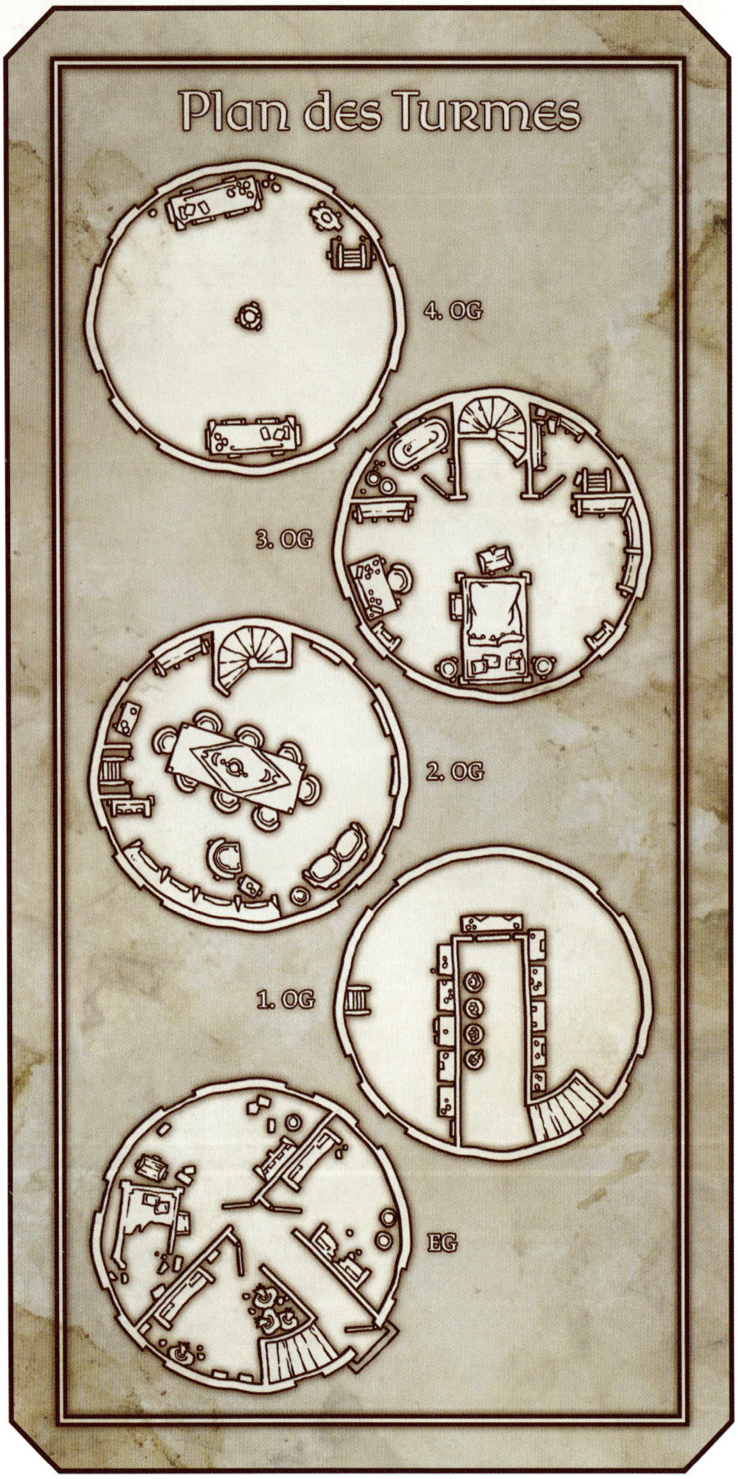

Zum Vorlesen oder Nacherzählen:
Endlich steht er vor euch, der schwarze Turm. Und er trägt seinen Namen zu Recht. Nachtschwarz reckt er sich aus dem Wasser heraus in die Höhe, nur vom Mondschein erhellt. Fensterlos und sauber verfugt, als könne ihm die Zeit selbst nichts anhaben. Von seiner Spitze schauen düstere Vögel auf euch herab, als wollten sie euch und euer kleines Gefährt verspotten.

Auf der Suche nach magischen Schätzen und alten Geheimnissen hat schon so manch ein menschlicher Abenteurer versucht, in Nahemas Turm einzudringen. Auf sie wartete ein plötzlicher Tod oder eine panische Flucht. Was keiner von ihnen ahnte, ist, dass das, was Menschen an diesem Ort sehen, wenig mit dem wahren Turm Nahemas zu tun hat. Denn was an diesem Ort ruht, ist ein Sinnbild wahrer Macht der unsterblichen Magierin. Vor ihrer Abreise hat Nahema ihre Wohnstatt in eine Blase eigener Realität verborgen und eine Art Kopie ihres Turms in der für normale Menschen greifbaren Wirklichkeit hinterlassen, wohlwissend, dass nach ihrer Abreise Abenteurer versuchen würden, ihren Turm zu betreten und auszuplündern. Während gierige Schatzsucher in einer Art steingewordenem Abbild des Turms herumirren und verfallende Räume plündern können, steht abgeschieden vom menschlichen Auge und verborgen in dieser magischen Zwischenrealität ihr Turm immer noch unberührt und wartet auf seine Herrin. Neben Nahema können nur ihre Geschwister, die Katzen, diese Maskerade durchschauen. Nur sie sehen den Turm, wie Nahema ihn verließ und der auf seine Besitzerin wartet. Dies gilt auch für die Charaktere. Sobald sie den Turm aus der Nähe sehen, stellt sich ein kurzer Kopfschmerz ein, bis sich ihr Verstand an die Realität gewöhnt hat, die Nahema um ihren Turm herum erschaffen hat.

Atmosphäre: Der Turm ist von außen genauso beunruhigend wie die Aussicht, tauchen zu müssen. Die Erforschung des Inneren dürfte eine Mischung aus Explorationslust, Gier und Spieltrieb hervorrufen, bis sie in der Entdeckung des Schwarzen Auges und dem Fund des Regenbogenknäuels gipfelt.

Der Turm von außen

Nahemas Turm ragt inklusive Spitzdach gute 17 Schritt aus dem Wasser, zwei Schritt befinden sich unter der Wasserlinie. Er hat eine kreisrunde Grundfläche von etwa 7 Schritt Durchmesser. Er besteht aus nachtschwarzen, sauber verfugten Steinquadern und ist fensterlos. Der einzige Eingang, eine offenstehende Tür, liegt unter Wasser. Am Rand des Spitzdaches haben etwa zwei Dutzend Seelenvögel ihre Nester gebaut und wachen über den Turm. Sie beobachten die Charaktere neugierig, halten aber erst einmal Abstand. Sollten diese jedoch auf die Idee kommen, den Turm erklimmen zu wollen, fühlen die Seelenvögel ihre Nester bedroht. Sie beginnen zu kreisen und werden zuerst vereinzelt, dann immer konzentrierter versuchen, die Kletterer anzugreifen und von der Wand zu reißen.

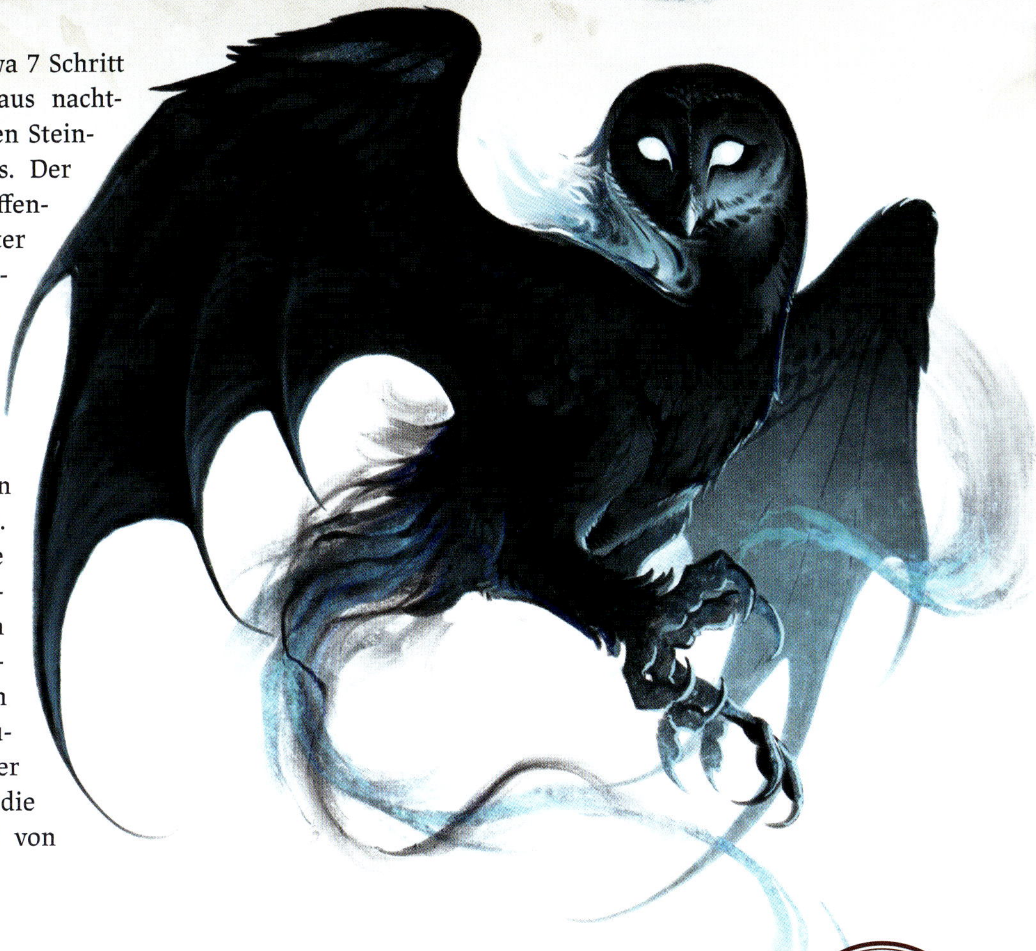

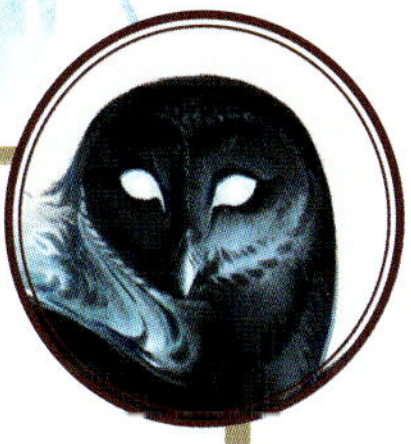

Seelenvögel

Die rund 20 Seelenvögel wirken wie eine bizarre Kreuzung aus Fledermaus und Eule mit nachtschwarzem Gefieder.

Größe: 0,7 Schritt **Spannweite:** 1,7 Schritt **Gewicht:** 3 Stein

MU 15	**KL** 14(t)	**IN** 13	**CH** 9
FF 12	**GE** 12	**KO** 17	**KK** 16
SK 4	**ZK** 7	**Ini** 14 + 1W6	
LE 45	**RS** 1	**GS** 4/20*	**VW** 6

Krallen: AW 26 **TP** 1W6+4 **RW** mittel
Schnabel: AW 26 **TP** 1W6+6 **RW** kurz
Aktionen: 1
Fertigkeiten: Friemeln 20, Körperbeherrschung 27, Kraftakt 24, Selbstbeherrschung 22, Verbergen 28, Willenskraft 30
Sonderfertigkeiten: Mächtiger Haltegriff (wie Haltegriff, kann so gegriffene Gegner packen und ziehen. Sind sie leichter als 3 Stein, kann der Seelenvogel seine Beute forttragen).
Größenkategorie: mittel
Typus: Tier
Beute: 5 Tagesrationen
Kampfverhalten: Die Seelenvögel greifen an, sobald man versucht den Turm zu erklimmen. Sie hacken im Flug mit ihren Schnäbeln auf Kletterer ein und versuchen sie mit ihren Krallen von der Wand zu reißen.
Geisterkunde:
- **QS 1:** Fiese, schwarze Vögel aus der Unterstadt.
- **QS 2:** Sie treiben sich beim schwarzen Turm herum. Und sie sehen komisch aus.
- **QS 3+:** Es heißt, dass die Seelenvögel aus den Seelen der Ertrunkenen entstanden sind, die in der großen Flut umkamen.

Schmerz +2 bei: 34 LeP, 23 LeP, 11 LeP, 5 LeP oder weniger
*zu Fuß/im Flug

Tauchen
Der einzige Weg in den Turm liegt unter Wasser. Sowohl Arak als auch Ybalio können die Helden gegebenenfalls darauf hinweisen, dass es eine Tür unterhalb der Wasserlinie gibt. Arak wird eventuelle Tauchversuche interessiert beobachten und den Charakteren gegebenenfalls beim Tauchen helfen, indem er ihnen Steine aus dem Fass zuwirft, die sie in die Tiefe ziehen. Ybalio hilft den Charakteren gerne bis zur Tür. Beiden ist gemein, dass sie den Turm nicht betreten wollen. Um ohne Hilfe von der Wasseroberfläche in den Turm zu tauchen, ist eine erfolgreiche Probe auf *Körperbeherrschung* nötig. Mit Araks „Hilfe" in Form von Steinen ist sie um +2 erleichtert, mit Ybalios Hilfe ist keine Probe nötig.

Die Ebenen

Nahemas Turm besteht aus fünf begehbaren Ebenen. Die unterste, das Erdgeschoss, steht unter Wasser. Es gibt zudem noch einen Kellerbereich, aber dieser steht nicht nur unter Wasser, sondern ist zudem durch zusammengestürzte Regale und anderen Unrat blockiert.

1. DAS ERDGESCHOSS

Die unterste begehbare Ebene des Turms steht komplett unter Wasser und liegt zudem in totaler Dunkelheit. Hier fanden sich einstmals einige Lagerräume und ein Gästezimmer, aber davon ist nur noch wenig übrig. Relevant ist nur eine Treppe, die vom Eingang aus direkt links an der Außenwand entlang in den ersten Stock führt. Nach einem Tauchgang von wenigen Metern lässt sich so die erste Turmebene, die Fallenebene, erreichen.

2. FALLENEBENE

Diese Ebene besteht aus zwei Grundelementen, dem „Flur" und den ihn umgebenen Fallenraum. Die gesamte Ebene ist nur dazu gedacht, denen, die Nahemas magische Maskerade durchschaut haben, ein ruhmloses Ende zu bereiten. Hierzu hat sie einen gut fünf Schritt langen Flur erbaut, der an einer mächtigen, bronzenen Tür endet. Die Tür ist wuchtig und verfügt über fünf Schlüssellöcher und ein drehbares Zahlenschloss, wie man es sonst an zwergischen Tresoren findet. Wird der Flur betreten, entzünden sich selbsttätig sechs Metallfackeln in etwa 1,80 Schritt Höhe, die den Flur erhellen. Wände, Boden und Decke sind massiv gemauert. An der linken Wand sitzen nebeneinander vier zusammengesackte Gestalten, Abenteurer, die vor einer kleinen Ewigkeit hier umgekommen sind. Was weder sie noch die Charaktere ahnten, ist, dass dieser „Flur" eine Todesfalle ist. Die große Bronzetüre ist nur eine weitere Wand, auf die eine Türattrappe aufgesetzt wurde. Jedes Schloss ist mit einer tödlichen Falle versehen, die ausgelöst wird, wenn man sich am Schloss zu schaffen macht.

Die Toten
Die vier toten Abenteurer waren früher eine Abenteurergruppe. Ein halbnackter Barbar aus dem hohen Norden, eine stolze Ritterin, ein zwielichtiger Herumtreiber und ein weiser Magier hatten sich auf den Weg gemacht, den Turm zu erforschen, und dank der arkanen Künste des Magiers hatten sie es durch die Täuschung Nahemas bis in den Turm geschafft, nur um dort durch die Fallen den Tod zu finden. Mittlerweile sind neben ihren Habseligkeiten nur noch Knochen von ihnen übrig. Durchsucht man sie, findet man folgende Gegenstände:

- **Der Barbar**
  Betrachten: Neben einem Schwert und einem metallenen Rundschild trug er einen Helm mit Metallflügeln, doch all dies hat bereits Rost angesetzt. Die ehemals bunte Stoffhose besteht nur noch aus Fetzen und die Stulpenstiefel sind von Schimmel durchzogen.
  Durchsuchen: In einer Ledertasche finden sich eine Schere, ein Kamm, Essbesteck, verfaulte Essensreste und ein mumifiziertes Wiesel.
- **Die Ritterin**
  Betrachten: Ihr Skelett steckt in einer Plattenrüstung, und es ist ein Wunder, dass sie durch das Wasser bis in den Flur gekommen ist. Bei ihr liegt ein riesiges Schwert.
  Durchsuchen: In kleinen Beuteln am Gürtel und in einer größeren Tasche finden sich 15 Silbermünzen und 22 Goldmünzen, zwei Kämme, eine Bürste, ein matschiges Stück Seife, Essbesteck, zwei Schlüssel, Feuerstein und verschimmelter Zunder, eine Gipspfeife, ein Döschen mit Tabakresten, ein Siegelring mit unbekanntem Siegel und ein Schleifstein. Zudem trägt sie ein Kurzschwert aus glänzendem Metall bei sich, das die Zeit gut überstanden hat. Nachgeschliffen und mit einem

neuen, dünneren Griff versehen, gibt es ein großes Schwertmesser mit +1 TP ab.

- **Der Herumtreiber**

  Betrachten: Der Herumtreiber hatte ein besonderes Faible für schwarzes Leder und Messer. Seine Lederkleidung ist von grauem Schimmel überzogen und an den seltsamsten Stellen ragen die Griffe kleinerer und größerer Messer hervor.

  Durchsuchen: An ihm finden sich 30 Messer, die in einem erbarmungswürdigen Zustand sind. Einzig ein schlankes, nachtschwarzes Stilett mit dünnem Griff wirkt fast wie unberührt. Es ist aus dem seltenen Metall Endurium geschmiedet und kann als Nadelklinge mit +1 Schaden geführt werden. Hinzu kommt ein Handstemmeisen, ein Seil mit Wurfhaken, ein Etui mit verrosteten Dietrichen, ein Kännchen Öl, mehrere kleine Flaschen mit undefinierbarem, schmierigen Inhalt, eine mittlerweile stumpfe Metallsäge, zwei Beutel mit insgesamt 22 Silberstücken und 8 Goldstücken und ein großer Metallring, an dem gut 30 Schlüssel hängen.

- **Der Magier**

  Betrachten: Er trägt eine Art weites Kleid aus einem schweren, weinroten Brokatstoff, der mit arkanen Zeichen bestickt ist. Zudem trägt er einen spitzen Hut mit breiter Krempe aus dem gleichen Material, der über den Totenschädel nach unten gerutscht ist. Die Reste seines beeindruckenden Bartes liegen auf seiner Brust. Neben ihm lehnt ein langer, gewundener Stab an der Wand.

  Durchsuchen: Unter seinem Hut hat der Magier einen Flachmann mit Schnaps verborgen. In einer großen Tragetasche finden sich ein zerfallenes Buch, mehrere Glasphiolen mit eingetrockneten, undefinierbaren Resten, eine Lederröhre mit zerfallenen Schriftrollen, ein Kamm, eine Kuchengabel, ein hübsches Döschen mit Schnupftabakresten, drei Schlüssel und eine Lupe. Er trägt zudem einen hübschen Goldring mit rotem Stein, zu klein für den Arm und zu groß für Katzenfinger, aber gerade groß genug, um ihn auf den Schwanz zu ziehen. Wird er gedreht, beispielsweise beim Überstreifen, beginnt er für 15 Minuten rot zu leuchten, was gegebenenfalls den Nachteil *Jagdfieber* auslösen kann. Diesen Leuchteffekt kann der Ring einmal am Tag erzeugen. In seiner Hand hält der Magier zudem noch einen goldenen Schlüssel. Er kann auf magische Weise ein Schloss öffnen, verliert dann aber seine Wirkung. Da die „Schlösser“ der Tür nur Fallen auslösen, hat er bei ihnen nicht seine Wirkung entfalten können.

Die Fallen

Dreht man Schlüssel oder ähnliches in den Schlüssellöchern, oder dreht man am Zahlenschloss, werden unterschiedliche Fallen ausgelöst:

- **Das Zahlenschloss**

  Ein massiver Steinblock löst sich aus der Decke und schwingt an einer Kette zur Tür. Dort rammt er mit Wucht gegen das Zahlenschloss. Wer von ihm getroffen wird, erhält 4W6 Punkte Schaden. Man kann ihm mit einer gelungenen Probe auf *Körperbeherrschung* ausweichen. Nach einigen Sekunden wird der Block durch eine zweite an ihm befestigte Kette wieder an seine ursprüngliche Position unter der Decke gezogen. In dieser Lücke ist kein Durchgang nach oben, sondern nur ein kleines Loch, durch das eben diese Kette passt.

- **Schloss 1 (ganz unten)**

  Aus der Wand gegenüber den vier Leichen schießen in einem Schritt Höhe Metallbolzen aus der Wand. Aufgrund ihrer geringen Größe dürften sie die Charaktere nicht treffen.

- **Schloss 2**

  Große Kreissägeblätter schwingen in einem Schritt Höhe durch einen dünnen Schlitz in der Wand hinter den vier Leichen und fahren dann wieder zurück in die Wand. Dabei werden die Köpfe der Skelette abgetrennt und poltern auf den Boden. Aufgrund ihrer geringen Größe dürften die Charaktere sicher sein.

- **Schloss 3**

  Mit einem gurgelnden Geräusch wird eine Fontäne aus brennendem Öl aus der rückseitigen Wand gesprüht, an der die Treppe aus dem Erdgeschoss endet. Der brennende Strahl spritzt auf einer Höhe von etwa 1,5 Schritt längs durch den Flur und prallt dann auf die Bronzetür. Man kann dem Feuer mit einer erfolgreichen Probe auf *Körperbeherrschung* ausweichen. Gelingt dies nicht, erhalten Charaktere im Flur 1W6 TP. Der Charakter am Schloss erleidet 3W6 TP und brennt großflächig (siehe **Regelwerk, Seite 192**). Gelingt ihm die Probe, erleidet er 1W6 TP und brennt an einer kleinen Fläche nach Wahl des Spielleiters. Löschen kann man das Feuer beispielsweise an der unter Wasser stehenden Treppe.

- **Schloss 4**
  Aus allen fünf Schlüssellöchern springen etwa 50 cm lange Metallsporne und ziehen sich dann leise ratternd wieder zurück. Steht einer der Charaktere vor einem Schloss, ist eine um -5 erschwerte Probe auf *Körperbeherrschung* nötig, ansonsten erleidet er 2W6+4 TP.
- **Schloss 5 (ganz oben)**
  Eine Wolke aus grauem Pulver schießt am Schlüssel vorbei aus dem Schlüsselloch und breitet sich im Flur aus, um dann langsam zu Boden zu sinken. Bei dem Pulver hat es sich einmal um sehr potentes Gift gehandelt, aber mittlerweile ist es wirkungslos geworden. Dieses Pulver hat auch unsere vier Helden dahingerafft.

Nach Fallen suchen

Suchen die Charaktere nach Fallen, können sie geschickt im Mauerwerk verborgen die Abschusslöcher für die Metallbolzen von Schloss 1 und die Schlitze der Sägeblätter von Schloss 2 erkennen, wobei ihnen ohne Ausprobieren der Fallen der genaue Zweck verborgen bleiben dürfte.

Der weitere Weg

Der eigentliche Ausgang aus dem Flur ist eine in der Wand verborgene Katzenklappe, die jedoch nur von der anderen Seite geöffnet werden kann. Um sie zu öffnen, gibt es zwei Wege, abhängig davon, welche Charaktere in der Gruppe sind.

Hinter der Leiche des Herumtreibers befindet sich auf Bodenniveau ein Mauseloch. Dieses kann man entweder beim Durchsuchen seiner Leiche entdecken, wenn eine Probe auf *Sinnesschärfe* -10 gelingt, wenn man die Leichen wegschiebt oder wenn die Falle von Schloss 2 den Skeletten die Schädel vom Rumpf trennt und dabei das Skelett vom Herumtreiber umwirft. Das Mauseloch führt im Zickzackkurs durch die Wand des Flurs in den Rest der Ebene. Um aus dem Flur zu entkommen, hast du als Spielleiter nun zwei Möglichkeiten. Ist ein Aphasmakind mit der Ahnengabe *Mäusemeister* anwesend, kann ein in eine Maus verwandelter Charakter durch das Mauseloch kriechen, auf der anderen Seite wieder seine Katzenform annehmen und dann die Klappe von außen öffnen. Besitzen die Charaktere diese Möglichkeit nicht, kann tief im Mauseloch ein kleiner Hebel verborgen sein, gerade so weit, dass eine Katzenpfote ihn erreichen kann. Mit ihm lässt sich die Katzenklappe entriegeln, wodurch sie sich ein kleines Stück öffnet. Hierdurch können die Charaktere in die Turmebene um den Flur herum gelangen. Betritt eine mindestens katzengroße Gestalt diesen Abschnitt, entzünden sich auch hier Metallfackeln an den Wänden.

Wahrscheinlich werden die Charaktere die Leichen durchsuchen und mit den Schlössern herumexperimentieren. Es kann durchaus interessant sein, zuerst ein paar Fallen auszulösen, bevor man das Mauseloch entdeckt. Dies ist eigentlich nur eine Frage des Timings, beispielsweise indem du die anderen Spieler fragst, was sie machen wollen, während einer den Rumtreiber durchsucht.

Die Szene ist recht pflegeleicht, solange nicht immer der gleiche Charakter die Fallen auslöst und Schaden erleidet. Hiergegen lässt sich jedoch wenig machen, außer auf die Vernunft der Spieler zu hoffen, sich nicht nach und nach mit den Fallen umzubringen. Im Endeffekt geht es nur darum, die Katzenklappe zu entriegeln, indem man das Mauseloch entdeckt und die richtigen Schlüsse zieht. Ersteres kann man notfalls mit zusätzlichen Proben auf *Sinnesschärfe* unterstützen, wenn Charaktere weiter mit den Skeletten herumhantieren oder wenn sie vor den Fallen in Deckung springen.

DIE RESTLICHE EBENE

Die Außenwand des Flurs ist mit allerlei Stützwerk zusätzlich gesichert. Um den Flur herum stehen schwere Holztische, auf denen Armbrüste, Schwenkarme mit Kreissägeblättern und andere Gerätschaften montiert sind, die zu den Fallen des Flurs gehören. Sie werden über Zahnräder, Ketten und andere bizarre Mechanismen angetrieben. Ansonsten finden sich hier nur Kisten mit zusätzlichen Metallbolzen, Schmieröl und Werkzeuge. Eine Leiter führt nach oben zu einer Luke.

3. EBENE MIT SALON

Auch auf dieser Ebene entzünden sich Fackeln an den Wänden, wenn sie betreten wird. Direkt neben der Luke befindet sich eine kleine Ankleide mit einem großen Schuhschrank, gefüllt mit etwa drei Dutzend Schuhpaaren, von Reitstiefeln über Tanzschuhen bis zu hochhackigen Sandaletten. Dazu ein Garderobenschrank mit Mänteln, Regenschirmen, Gehstöcken und Hüten, ein kleiner Spiegel und eine Bürste. Dahinter öffnet sich der Raum und gibt den Blick auf die gesamte restliche Ebene frei. Auf der rechten Seite, entlang der Außenwand des Turms, stehen große Regale voller Bücher und Schriftrollen, davor ein Ohrensessel mit Beistelltisch. Auf diesem Tisch stehen ein Samowar und eine silberne Schale mit roten Fruchtbonbons. In der Mitte befindet sich ein Sofa, auf der linken Seite ein großer Esstisch, der komplett eingedeckt ist mit Besteck, Tellern, Gläsern, Vasen, Servietten usw., dazu eine Anrichte und ein Schrank. Eine aufwendig gestaltete, gusseiserne Wendeltreppe führt ins nächste Stockwerk.

Was man entdecken kann

Im Schuhschrank befinden sich auch eine Reihe teurer Schuhe mit Strasssteinen und kleinen, bunten Federn, die man mit etwas Gewalt herausbrechen kann. Insgesamt kann man dort schöne Dinge im Wert von 30 zusammenklauben. Schräg hinter dem Sofa steht ein Katzenkörbchen, in dessen Kissen verborgen eine kleine Filzmaus steckt. Diese ist von Magie erfüllt und trippelt im Zickzack davon, wenn man sie anstößt oder drückt. Unter dem Schrank beim Esstisch liegt eine große Schrubberbürste, die ähnlich der Filzmaus magisch animiert ist und über den Boden schrubbt, wenn kleine Gegenstände auf ihn fallen. Sie versucht dann alles ordentlich zu einem kleinen Haufen zusammenzukehren. Der telekinetische Griff der Magie ist recht stark auf der Bürste, daher kann man sie weder wegschieben noch wegtragen. Sie ist von Kratz- und Bissspuren übersäht, als sei sie öfters von Katzen traktiert worden.
Außerdem kann man wunderbar Gläser und Besteck vom Esstisch werfen.

4. EBENE MIT SCHLAFZIMMER

Folgt man der Wendeltreppe nach oben, erreicht man das große Schlafzimmer, das fast die gesamte Turmebene einnimmt. Auch hier erleuchten Fackeln den Raum, sobald dieser betreten wird. Dominiert wird der Raum von einem riesigen Himmelbett mit dicken, flauschigen Kissen. Hinzu kommen eine Schminkkommode mit Schmuckkästchen, ein Nachttisch und mehrere große Kleiderschränke. Links befindet sich noch ein kleines Badezimmer mit Wanne und Waschbecken, auf der anderen Seite wird ein Teil der Ebene von einem begehbaren Kleiderschrank eingenommen mit Regalen voller Handtaschen, Schuhe, Hüte, Schals, Gürtel und anderen Accessoires. Eine Luke in der Decke führt zur obersten Ebene.

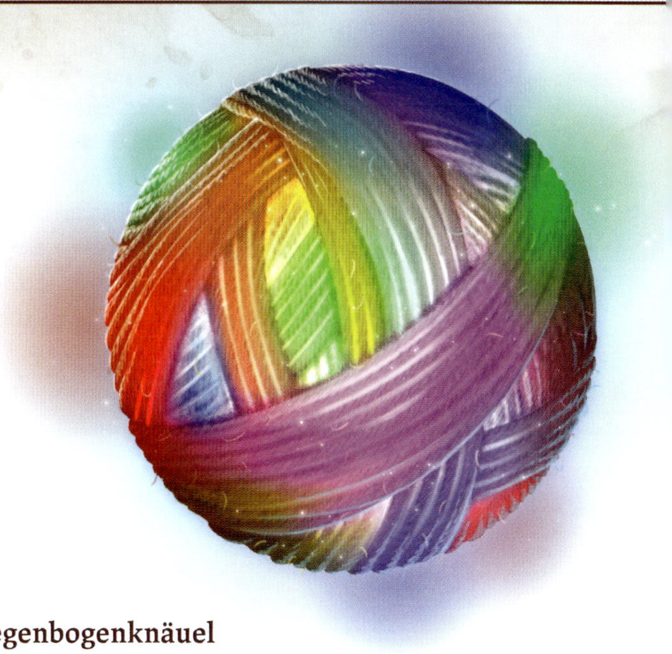

Das Regenbogenknäuel

Verborgen unter dem Bett steht ein Nähkorb, in dem neben allerlei Nähutensilien auch Wollknäuel liegen. Und tatsächlich, ganz unten findet sich auch das glänzende und schimmernde Regenbogenknäuel. Es ist ein großes, weiches Knäuel, dessen Fäden farbenfroh schimmern und beständig ihre Farben wechseln. Die Menge reicht leicht für ein vollständiges Gewand in Katzengröße. Die Fäden sind ansonsten genauso leicht zu durchtrennen oder zu beschädigen wie andere Wolle.
Der Fund des Knäuels kann recht unterschiedliche Reaktionen auslösen. Möglicherweise wird der Finder versuchen es zu unterschlagen. Es können auch Streitereien bis zum offenen Kampf ausbrechen. Siegt Gier oder Freundschaft? Geht man einen brüchigen Burgfrieden ein oder versucht man sein Glück im bewaffneten Konflikt? Möglich ist hier alles.

Was man entdecken kann

Im Nachttisch befinden sich ein schlüpfriger Roman, eine Flasche Wein, ein Glas und eine Schachtel Konfekt. Im Schmuckkästchen auf der Schminkkommode liegt allerlei glitzernder Schmuck im Wert von gut 500 . Wenn du möchtest, kannst du die Charaktere hier auch das eine oder andere magische Schmuckstück finden lassen. Daneben stehen hier noch einige Phiolen und Tiegelchen mit Parfums und Salben. In der Kommode befindet sich eine größere Menge Damenunterwäsche.
In den Kleiderschränken finden sich verschiedenfarbige Roben, Kleider für unterschiedliche Zwecke (Tanzkleider, Abendgarderobe, einfache Sommerkleider, Arbeitskleidung), eine Kiste mit einem halben Dutzend zum Teil recht bizarr ausschauender Dolche (einer mit Obsidian-

klinge, einer voller kleiner Totenschädel, einer gewunden wie eine Schlange), mehrere Stäbe und Besen und andere Kleidung. Hier lassen sich Schmucksteine, Federn und Büschel abreißen, insgesamt in einem Gegenwert von etwa 100 . Im Badezimmer finden sich die üblichen Utensilien, Seifen, fluffige Handtücher, Badezusätze.

5. EBENE DES AUGES

Durch die Luke im begehbaren Kleiderschrank erreicht man die oberste Ebene. Sie ist deutlich schmuckloser als die vorherigen beiden. An den Wänden stehen einige Regale mit Flaschen und Tiegeln mit allerlei alchimistischen Zutaten, dazu ein großer Tisch mit eigentümlichen Glaskonstruktionen, die man wohl für alchimistische Zwecke verwenden kann. Neben einem Regal steht ein Rüstungsständer, der ein Kettenhemd hält. Viel interessanter dürfte jedoch die Mitte des Raums sein, denn hier liegt auf einer halbhohen Säule eine gut kindskopfgroße Kugel. Sie schimmert und glänzt in bunten Farben und leuchtende Punkte wandern über ihre Oberfläche. Es handelt sich um eines der sogenannten Schwarzen Augen, ein hochmagischer Gegenstand, dazu geschaffen, durch Zeit und Raum zu blicken.

Das Schwarze Auge

Dieses magische Artefakt steht schon seit Jahrhunderten an diesem Ort und lässt sich auch mit Gewalt nicht von seinem Platz entfernen. Leider ist es beschädigt. In ihm haben sich hunderte von Seelen von Flutopfern verfangen. Wenn man die Kugel berührt, hat dies eigenwillige Effekte. Die Seele des Berührenden wird aus dem Körper gezogen und von der Kugel an einen anderen Ort geschickt. Der Körper bleibt dabei an auf der Position, die er zuletzt hatte. Wird er von der Kugel weggezogen, springt die Seele zurück in den Körper. Da die Charaktere keine Ahnung haben, mit welchen Ritualen das Schwarze Auge bedient wird, werden sie zu völlig zufälligen Orten geschickt, und der Rückweg aus eigenen Kräften bleibt ihnen verwehrt.

Was geschehen kann

Die Charaktere können an unterschiedlichste Orte nach deiner Wahl geschickt werden, wobei die Zeit innerhalb des Schwarzen Auges völlig anders vergeht als außerhalb. So mag der erste körperlos jahrelang über ein fremdes Land schweben, bis er dem Wahnsinn nahe ist, der zweite im Schwarzen Auge eines ausgesprochen schlechtgelaunten Magiers landen, der ihn mit einem schmerzhaften magischen Angriff wieder zurückschickt, oder der dritte wird in eine der Niederhöllen geschleudert, in der er auf die Herrin der Fäulnis und der Vielbeinigen trifft, die in Gestalt einer riesenhaften, leicht asymmetrischen Gottesanbeterin und umgeben von riesigen Maden und Käfern entgegen aller Erwartungen freundlich mit ihm plaudert, da sie so selten Gäste hat. Will der Charakter zurück oder wird sein Körper von der Kugel gezogen, erklärt sie ihm, dass er nur gehen kann, wenn ein Teil seiner Seele vor Ort bleibt. Er hat die Wahl, welchen Teil seiner Persönlichkeit (dies mag auch ein regelseitiger Nachteil sein) in den Niederhöllen bleiben soll oder ob er komplett dort bleibt. Dann bleibt sein Körper seelenlos zurück und stirbt nach einigen Tagen. Wenn der Charakter nett zu der Erzdämonin war und das Knäuel noch nicht entdeckt wurde, kann sie dem Charakter in der letzten Sekunde noch den Tipp geben unter das Bett zu schauen.

An dieser Stelle kannst du auch eigene Orte und Welten nutzen, in die die Charaktere bei Kontakt mit der Kugel geraten. Nach drei dieser unfreiwilligen Anwahlversuche oder nach etwa einer Viertelstunde nach der ersten Berührung werden die vom Auge aufgesogenen Seelen der Toten beginnen sich aus ihm zu befreien und in die Turmebene zu strömen. Dies lässt sich zuerst durch ein leises Raunen wahrnehmen, das sich immer mehr zu einer chaotischen Kakophonie von Schreien steigert. Gleichzeitig beginnen statische Blitze über die Kugel zu wandern, bis sie durch die Geister komplett überlädt und Blitze in alle Richtungen zucken lässt. Spätestens jetzt sollte langsam über einen Rückzug nachgedacht werden.

DER WEG ZURÜCK

Normalerweise sollte der Weg aus dem Turm keine Gefahr darstellen. Wenn du das Abenteuer mit einem Kampf aufpeppen möchtest, kann der Charaktergruppe eine Kanalspinne gefolgt sein, auf Befehl oder zumindest basierend auf den Informationen von Arak, so sie ihn als Fährmann gewählt haben. Die Kanalspinne kriecht durch den „Flur“, und sollte die Katzenklappe nicht wieder geschlossen worden sein auch bis in den Fallenraum, und greift die Charaktere dort an. Du kannst die gleichen Werte verwenden wie die Große Napfspinne von **Seite 25**.

Rückkehr

Sollten die Charaktere Arak gewählt haben, wird er vor dem Turm in seinem Fass warten und offen überrascht sein, dass die Charaktere noch leben. Er hilft ihnen zwar nicht ins Fass, fährt sie aber anstandslos zurück zum Hafen. Alternativ können sie mit Ybalio bis an die Ausläufer der Unterstadt zurückfahren.

Sollte das Schwarze Auge berührt worden sein, schlagen währenddessen immer wieder Blitze aus der Turmspitze in die umliegenden Ruinen ein. Bei der Ankunft im Morgengrauen hat sich dann im Hafen eine Menschenmenge gebildet, die erschrocken das ferne Feuerwerk beobachtet. In diesem Falle bietet sich ein Umweg an, um die Menschen zu umgehen.

Umgang mit dem Knäuel

Die überlebenden Charaktere können sich nun Gedanken machen, was sie mit Aphasmas Regenbogenknäuel anfangen wollen. Vielleicht hat einer von ihnen seinen Kameraden das Knäuel gestohlen, vielleicht wollen sie es zerschneiden und aufteilen oder gegen etwas anderes eintauschen. Das Knäuel und daraus gewebte oder gestrickte Kleidungsstücke sind ein Vermögen wert, und nur wenige können sich ein solches Schmuckstück leisten. Kaiserin Rohaja (siehe **Regelwerk, Seite 57**), Viska von der Linden (siehe **Regelwerk, Seite 45**) und Don Gato (siehe **Regelwerk, Seite 57**) sind sicher an dem Stück interessiert und könnten beleidigt sein, wenn sie es nicht erhalten. Kaiserin Rohaja und Viska werden im Tausch anbieten, die Charaktere mit prachtvollen Gewändern auszustatten, Rohaja wird zudem eine weiße Maus bieten. Don Gato ist willens, sich von seiner heißgeliebten Spieluhr mit den tanzenden Katzen zu trennen (siehe **Regelwerk, Seite 237**) und noch ein Bündel Pfauenfedern und einen Sack mit unterschiedlichen schönen Dingen im Wert von gut und gerne 1000 🪙 oben drauf zu legen. Auch wenn sein Angebot nicht so gut ist wie das der anderen beiden, weiß er es mit der unterschwelligen Drohung zu würzen, dass man ihn lieber nicht zum Feind haben will.

Behalten die Charaktere das Knäuel für sich und präsentieren es, entweder komplett oder verarbeitet zu Kleidung, werden sie große Bewunderung und natürlich auch Neid ernten, und immer wieder Angebote bekommen, aber auch Diebstahlsversuche erleben. Andererseits gelten sie aber ab jetzt auch als furchtlose Abenteurer. Dies alles mag ein Aufhänger für neue Abenteuer sein.

Der Lohn der Mühen

Neben vielen Schätzen und der einen oder anderen Narbe, erhalten die Charaktere zudem pro Kopf **20 AP**. Wenn sie besonders unterhaltsam oder klug gespielt haben, kannst du ihnen zusätzliche **5 AP** zugestehen.

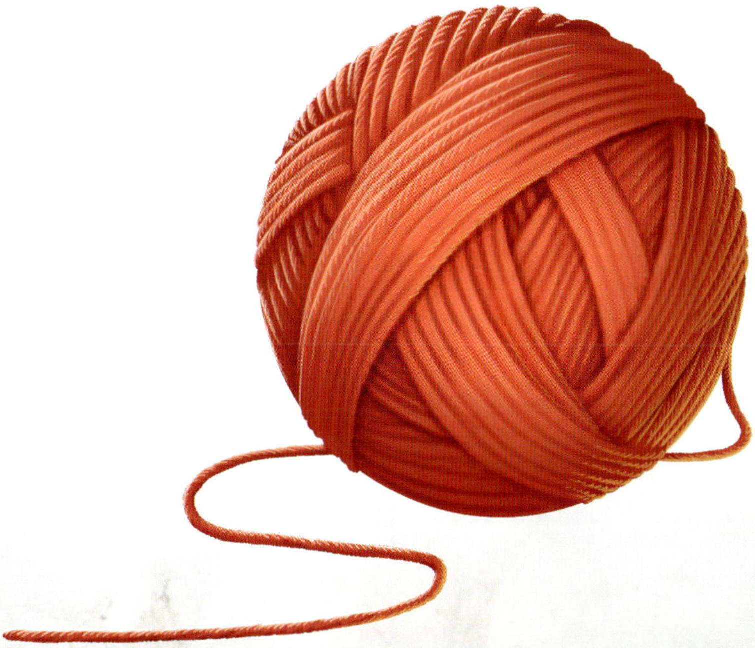

Der Hund von Orkendorf

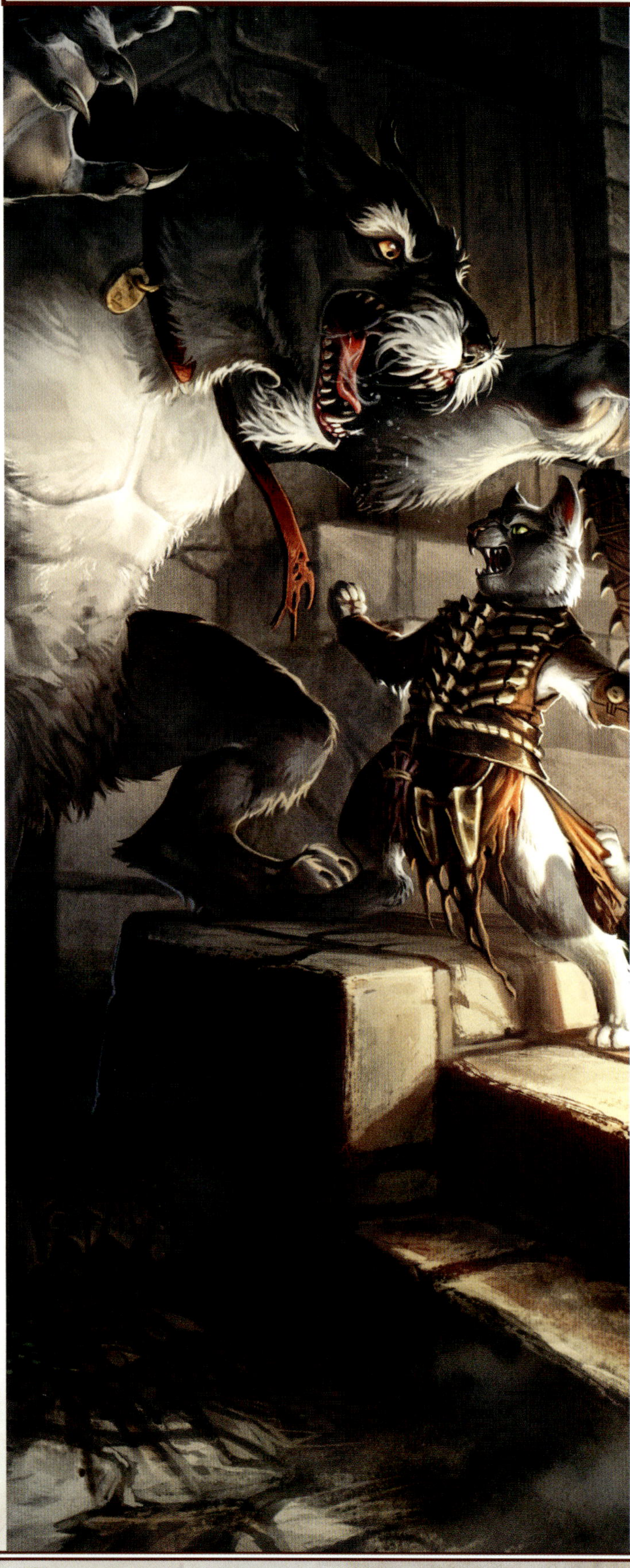

von Carolina Möbis

DAS ABENTEUER FÜR DEN EILIGEN LESER

Stichworte zum Abenteuer: Aufklärung einer Mordserie, Rettung eines Hundes, Kampf gegen eine Chimäre
Genre: Krimi, Mystery
Komplexität (Spieler/Meister): mittel/mittel
Erfahrung der Helden: Erfahren
Ort: Havena, Stadtteil Orkendorf
Zeit: ab 5 HL
Heldeneignung: ein furchtloses Herz und kein Hass auf Hunde
Wichtige Fertigkeiten:

●●●○○	Körperfertigkeiten
●●●●○	Gesellschaftsfertigkeiten
●●●○○	Geistesfertigkeiten
●○○○○	Handwerksfertigkeiten
●●●○○	Kampffertigkeiten

MODIFIKATIONEN

Der Hund von Orkendorf ist ein düsteres Kriminalabenteuer, das mit dunkel-dramatischer Stimmung Elemente des Unheimlichen in Szene setzt. Um aber auch Spielspaß für jüngere Kinder zu ermöglichen, enthält das Abenteuer unter dem obigen Symbol zu findende Hinweise, die genretypischen Gruselelemente abzumildern.

DAS ABENTEUER IN KÜRZE

Ein verrückter menschlicher Alchimist versucht Chimären zu erschaffen. Dazu entführt er Straßenkatzen, die er dann für seine Forschung missbraucht. Die Leichen seiner erfolglosen Experimente entsorgt er achtlos in den Straßen von Orkendorf. Als ob das noch nicht genug wäre, experimentiert ein Menschenbordell mit erotisierenden Räuchermischungen, die jedoch, von den Menschen unbemerkt, bei Katzen Halluzinationen hervorrufen. Außerdem ist nachts das Geheul eines Hundes zu hören, denn der schwarze Olporter Bertram sitzt in einem Keller fest und braucht Hilfe. Schnell machen Gerüchte die Runde. Die ortsansässigen Katzen schieben die Morde dem legendären Geisterhund von Orkendorf zu.

Die Helden übernehmen die Aufgabe der Ermittler und kommen durch Zeugenbefragungen und Beobachtungen sowohl dem Alchimisten als auch den Rauschkräutern auf die Spur. Unter Umständen können sie auch den Hund Bertram retten und als Verbündeten gewinnen, denn das Labor des Alchimisten wird von einer Chimäre bewacht: einem magisch veränderten Winhaller Wolfsjäger.

DAS ORKENDORF

Orkendorf gilt unbestritten als heruntergekommenstes Viertel der Stadt. Müllwühler, Dachtänzer und Straßenkämpfer entsteigen hier dem Staub der Hinterhöfe. Viele Häuser sind zu Ruinen verkommen, andere von zweibeinigen Bewohnern, die kaum etwas zu beißen haben, überfüllt. Die Ressourcen sind knapp, die Sitten rau und viele Katzen schließen sich Straßenbanden an, die ihre Reviere verteidigen, um exklusiven Zugang zu den Küchenabfällen von Menschentavernen oder warmen, halbwegs sicheren Schlafplätzen zu ergattern.

Die Legende des Hundes von Orkendorf

„Vor langer Zeit kam ein Kesselflicker in die Stadt. An seiner Seite ein junger Hund, den er in der Wildnis gefunden hatte. Wie alle Hunde war das Tier nicht sonderlich intelligent, dafür aber umso gutmütiger und unterwürfiger. Und so haderte es mit dem Schicksal, das sein menschlicher Herr ihm angedacht hatte: Groß und stark sollte der Hund werden, ein skrupelloser Kämpfer, der in Hundekämpfen sein Futter verdienen sollte.

Doch weil der Hund nicht kämpfen wollte, traktierte der Kesselflicker ihn Tag für Tag mit einem Stock. Er trat nach ihm und sperrte ihn nächtelang in einen Zwinger. Selbst wenn es so kalt war, dass sogar die Eiszapfen an der Regenrinne bibberten. Doch alles half nichts. Der Hund wurde groß, aber nicht bösartig. Er mochte alle Menschen und Tiere, selbst seinen grausamen Herrn. Als es wieder einmal Winter war und der Hund in seinem Zwinger schrecklich fror, erbarmten sich die Katzen aus dem Nachbarhaus und brachten dem Gefangenen etwas von ihrem Essen. Dafür leckte er ihnen das Fell und winselte vor Glück. Von da an brachten ihm die Katzen immer öfter etwas und der Hund liebte sie, wie seine eigenen Brüder und Schwestern. Von nun an bellte er jede Nacht, wenn sich ein fremder Mensch oder Hund näherte, um seine Freunde vor der Gefahr zu warnen. Der Kesselflicker sah dies als gutes Zeichen, dass der Hund endlich bösartiger wurde und ließ ihn wieder bei einem Kampf antreten. Doch auch diesen verlor der Hund. Den Menschen packte der Zorn und so sperrte er den Hund in eine Kiste in seinem Schuppen ein, die er mit einem großen Vorhängeschloss versah. Dort drinnen sollte der Hund sterben oder zum Kämpfer werden. Ganze drei Tage und Nächte saß er in der dunklen Kiste wie in einem Grab und jaulte erbärmlich. Seine Freunde, die Katzen, wollten helfen, doch brauchten sie drei Nächte, um in den Schuppen zu gelangen und das Schloss zu öffnen. Aber was ihnen aus der Dunkelheit der Kiste entgegensprang, war nicht mehr ihr Freund, sondern eine gebrochene Seele. Der Hund war so ausgehungert und voller Angst, dass der Zorn nun aus ihm herausbrach und er gänzlich von Sinnen über seine Freunde herfiel. Nicht einer konnte entkommen. Erst als der Hund sich gründlich sattgefressen hatte, begriff er, was er getan hatte. Voller Trauer und Entsetzen brachte er kein Bellen mehr hervor und er wollte auch nicht mehr fressen. Sein Mensch aber war stolz auf ihn. Er schleppte ihn zu einem weiteren Hundekampf, den der Hund auch gewann, in dem er seinen Gegner tot biss. Doch als sein Herr ihn nach dem Kampf wieder in einen Zwinger sperren wollte, da sprang der Hund auch an dem Menschen hoch und biss ihm die Kehle durch. Daraufhin griffen die anderen anwesenden Menschen zu Knüppeln und erschlugen ihn.

Der Hund starb in dieser Nacht, doch sein ruheloser Geist kehrt zurück, wenn der Winter naht. Dann streift er durch die Straßen Orkendorfs und jault auf der Suche nach seinen Freunden. Doch wann immer er eine Katze sieht, überkommt ihn aufs Neue der Wahnsinn und er greift sie an und macht ihr den Garaus. Darum hüte dich vor den herbstlichen Nebelnächten."

– Bronnja Blitzgeschwind

Doch dank der zahlreichen Ruinen und der mangelnden Straßenbeleuchtung können sich erwachte Katzen zumindest nachts oft ein wenig freier bewegen als in anderen Stadtteilen. Außerdem bieten die verlassenen Häuser so manche Gelegenheit, Ratten und Mäuse zu erjagen. Doch kann ein Jäger jederzeit zur Beute werden, denn besonders in den langen, kalten Winternächten sind auch die Menschen auf der Suche nach Wärme und Nahrung und manche machen selbst vor Katzen keinen Halt.

Der Hund von Orkendorf ist ein populäres Spukmärchen, das Eltern und Großeltern dem Nachwuchs erzählen, damit die lieben Kleinen in ihrem Forscherdrang gerade in den Winternächten nicht zu übermütig werden. So hört fast jede junge Katze, die in den Straßen Orkendorfs aufwächst, die Legende der geisterhaften Hundebestie.

Wenn die Originallegende als zu tragisch und verstörend empfunden wird, lässt sich der Inhalt zu einem klassischen Märchenmotiv abändern. Der Hund von Orkendorf könnte dann ein böser Gesell sein, der schon zu Lebzeiten Katzen zum Spaß jagte. Er starb in einer Nebelnacht im Spätherbst, als unter ihm ein marodes Mauerstück einstürzte, während er gerade eine junge Katze angriff. Weil sein Geist keinen Frieden fand, geht er in Nebelnächten noch immer um.

DIE VORGESCHICHTE

Ende des Sommers flog der glücklose Quacksalber *Rolfhard Unterbrück* (menschlicher Alchimist, Ende 20, ungepflegt) aus seiner Wohnung in Unterfluren, weil er durch den Verkauf einiger wirkungsloser Haarwuchsmittel, Warzenwasser oder Hustenpastillen nicht genug einnahm, um seine Miete zu löhnen. Doch sein Leben nahm eine neue Wendung, als ein Freund ihm berichtete, dass in Orkendorf ein Alchimist gestorben war und sein Labor für wenig Geld zum Verkauf stand. Rolfhard lieh sich Geld bei Bekannten und kaufte das heruntergekommene Wohnhaus des Verstorbenen nebst Kellerlabor. Dort fand er Aufzeichnungen des früheren Besitzers, der, wie sich herausstellte, an der Erschaffung von Chimären gearbeitet hatte und zumindest einen, wenn auch fragwürdigen Erfolg vorweisen konnte: Er verschmolz seinen Hund *Lutz* (Winhaller Wolfsjäger, übellaunig, territorial) mit einer erwachten Katze: dem heruntergekommenen Müllwühler Krätze, der schon alt und kränklich war und sich nicht zur Wehr setzen konnte, als der Alchimist ihn gefangen nahm und für seine Experimente missbrauchte.

Lutz vereint nun neben typischen Hundeeigenschaften auch die einer erwachten Katze in sich (siehe **Seite 49**).

Rolfhard nutzt Lutz gleichermaßen als Wächter und Studienobjekt, in der Hoffnung, die Ergebnisse seines Vorgängers zu übertreffen. Er hat sich nun in den Kopf gesetzt, eine fliegende Katze zu erschaffen, indem er sie mit einer Möwe kreuzt, von denen er ebenfalls einige gefangen hält. Zu diesem Zweck lockt er nachts hungrige Katzen in eine Futterfalle, um sie in sein Labor zu schaffen und mit ihnen zu experimentieren.

Rolfhard ahnt jedoch nicht, dass sein Vorgänger schwach magisch begabt war und aufgrund dieser Begabung die Verschmelzung des Katers mit seinem Hund unbewusst möglich machte. Die Experimente des gänzlich unmagischen Rolfhard hingegen sind zum Scheitern verurteilt, was ihn nicht daran hindert, es wieder und wieder zu versuchen.

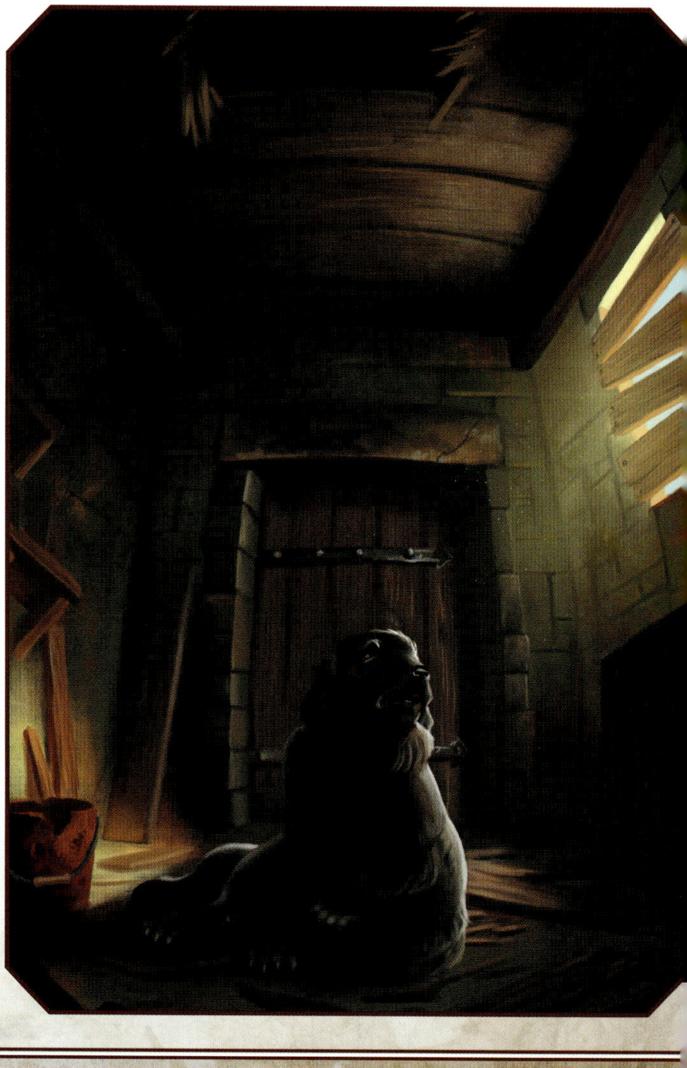

Bisher hat Rolfhard sieben Katzen entführt, zwei davon sind, wie der alte Krätze, erwachte Katzen. Katzen, die bei Rolfhards Experimenten das Zeitliche segnen, seziert der Alchimist, um seine eingebildeten Fortschritte zu dokumentieren und entsorgt die Leichname in den Gassen der Stadt. Zu Beginn der Handlung sind bereits drei Katzenleichen aufgetaucht.

Da Rolfhard seine Studien ebenso wie seinen Unterhalt irgendwie finanzieren muss, verkauft er weiterhin Tinkturen und Tränke in der Nachbarschaft. Zu seinem neuen Kundenstamm gehört auch das schäbige Bordell Rahjas Gunst ganz in der Nähe seines neuen Domizils, das er selbst auch regelmäßig frequentiert. Die Bordellbesitzerin nimmt als Bezahlungen die Räucher- und Duftmischungen an, die er nach den Rezepten seines Vorgängers zusammenstellt. Er ahnt nicht, dass die für Menschen schwach aphrodisierenden Mischungen bei Tieren, insbesondere bei Katzen, starke Halluzinationen hervorrufen. Eine Eigenschaft, an der Rolfhards Vorgänger gerade forschte, als ihn der Tod ereilte. Er hinterließ keine diesbezüglichen Aufzeichnungen und so sieht Rolfhard in den Kräuterrezepturen lediglich eine Einnahmequelle. Das Bordell nutzt die Duftmischungen jede Nacht ausgiebig, um den Kundenstamm zu erweitern.

Wenige Tage vor Beginn der Handlung steckt auch der schwarze Olporter *Bertram* (großer Hund, dunkles Zottelfell, gutmütig, nicht der hellste Stern am Himmel) in Schwierigkeiten. Der unternehmungslustige Junghund lebt eigentlich bei einem alten Segelmacher in Nalleshof. Doch seine Neugier wurde ihm zum Verhängnis. Auf der Jagd nach einer Ratte, brach Bertram in einem verfallenen Haus ins Kellergeschoss durch und kommt nun nicht mehr heraus. Sein jämmerliches Jaulen dringt in unregelmäßigen Abständen durch die Gassen. Dem Olporter bleibt nicht mehr viel Zeit, bis er verhungert.

Angesichts des Nebelwetters, des unheimlichen Jaulens, der Legende über den Hund von Orkendorf, der Leichenfunde und der Halluzinogene haben zahlreiche in der Nachbarschaft des Bordells lebende Katzen Visionen eines Monsterhundes.

Zeitachse

- Kurz nach der Sommersonnenwende verschwindet der alte Krätze
- Im Spätsommer zieht Rolfhard nach Orkendorf
- Im Frühling entführt Rolfhard die ersten Katzen
- Ende des Frühlings verschwindet die erste erwachte Katze seit dem alten Krätze, der Müllwühler Wollbart Fischgrät
- Kurz vor Winteranfang wird die erste Leiche entdeckt, dann im Abstand weniger Nächte ein weiteres nicht erwachtes Opfer
- Zeitgleich beginnt das Bordell Rahjas Gunst, Rolfhards Räucherwerk zu nutzen, die ersten Augenzeugen „sehen" den Hund vom Orkendorf
- Zwei Nächte vor Beginn der Handlung fällt Bertram in das Kellerloch
- Zwei Nächte vor Beginn der Handlung verschwindet eine weitere erwachte Katze: die Mäusejägerin *Luna von der Regentonne* (Scheunenkatze, braunrotes Fell, schüchtern)
- Eine Nacht vor Beginn der Handlung wird *Wollbarts* (Scheunenkater, alt, heruntergekommen) Leiche entdeckt
- Am Morgen danach wendet sich Lunas Schwester *Gerti Grasschleicherin* (Scheunenkatze, weißes Fell mit rötlichen Flecken, putzt sich häufig, wenn sie nervös ist) an die Helden

DER AUFTRAG

An einem nasskalten Herbstabend bittet die Mäusejägerin Gerti die Helden um Hilfe: ihre Schwester ist auf einem Streifzug in Orkendorf verschwunden.

Die Anwerbung funktioniert sicher am besten, wenn Gerti in den Hintergrund eines Charakters eingebunden wird. Sie könnte beispielsweise eine alte Freundin aus Jugendtagen sein, eine ehemalige Flamme oder eine entfernte Verwandte. Vielleicht ist sie auch nur eine Kneipenbekanntschaft.

Gerti trifft ihren Kontakt, wirkt jedoch nervös und in Eile. Sie bittet ihn jedoch um ein abendliches Treffen auf der Mäuserennbahn. Wenn die Helden keinerlei Interesse an einem Rennbahnbesuch haben, lässt sich das Gespräch auch problemlos in eine Taverne, ein Restaurant oder auf eine abendliche Mäusejagd durch die Gärten von Unterfluren verlegen. Das Abenteuer geht allerdings von einem Besuch der Rennbahn aus.

Sollten die Helden einander noch nicht begegnet sein, eignet sich Gerti dazu, die Gruppe zusammenzubringen. Dann könnte jeder der Helden eine persönliche Anbindung zu Gerti haben. In diesem Fall lädt Gerti jeden Einzelnen zum Besuch der Mäuserennbahn ein.

Die Rennbahn befindet sich im Hinterhof einer aufgegebenen Schreinerei. Dort wurde aus alten Brettern und Leisten eine Rennbahn gezimmert, wo gerade sechs Mäuse gegeneinander antreten, um an ein Käsestück am Ende der Bahn zu gelangen. Die Mäuse, die gerade nicht eingesetzt werden, werden im ehemaligen Werkstattraum in mit Stroh und Sägespänen ausgelegten Holzkäfigen verwahrt.

Zahlreiche Katzen jeglicher Herkunft und Couleur lungern am Rand der Rennbahn herum, um dem Spektakel zuzusehen. Die Besitzer der Rennmäuse stacheln ihre Tiere an, teilweise durch Fauchen und Angstmachen, andere versuchen es mit Streicheln oder gutem Zureden.

Kenner Orkendorfs können im hinteren Teil des Hofs auf einer Kiste den alten *Reikan Schattenläufer* (Scheunenkater, schlank, weiße Strähnen im dunkelgrauen Fell, distanziert, siehe **Regelwerk, Seite 29**) höchstselbst entdecken. Der Besitzer des bekanntesten und erfolgreichsten Rennstalls und Veranstalter der Rennen ist höchstpersönlich gekommen, um den Ablauf des Rennens und die Entwicklung der Wettquoten zu überwachen. Einige von Reikans Töchtern und Söhnen, wie die hochgewachsene *Lissa Flinkpfote* (Scheunenkatze, grau getigert, groß gewachsen, berechnender Blick), oder der grimmige *Mori Narbenohr* (Scheunenkatze, grau gefleckt, breit gebaut, wirkt immer verärgert) sind ebenfalls vor Ort.

Beide schlendern durch die Zuschauermenge und preisen lautstark gute Wettquoten an. Nicht weniger lautstark versucht die in die Jahre gekommene Straßenkämpferin *Bronnja Blitzgeschwind* (Scheunenkatze, vom Alter gebeugt, schlurfender Gang, blinzelt oft), den Inhalt ihres Bauchladens an die Katz zu bringen. Sie verkauft vor allem Gegrillte Eidechsenschwänze und Käferbäuche.

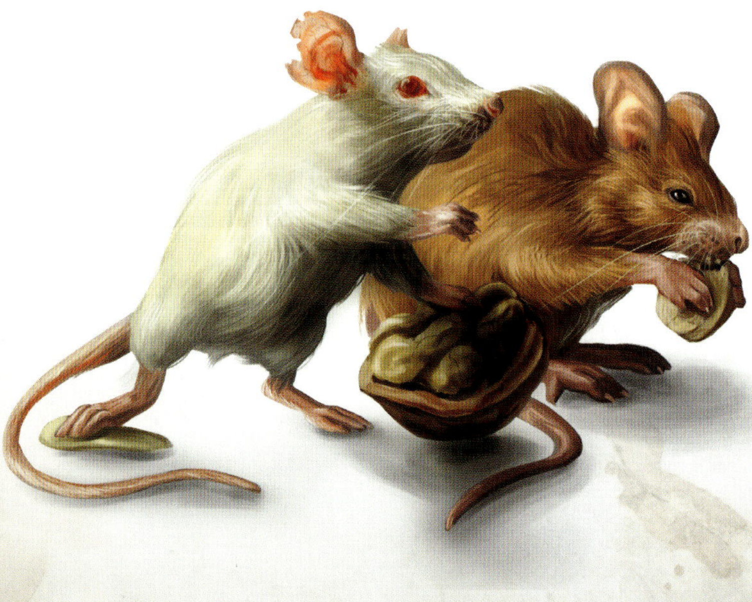

Kaufen die Helden Bronnja etwas ab, wird sie überaus dankbar sein und im Verlauf des Abenteuers mit den Helden gern ihr umfangreiches Wissen über Orkendorf teilen. Sollten die Helden Bronnja schlecht oder arrogant behandeln, wird sie die Helden bei späteren Befragungen abblitzen lassen. Die Helden können eine Wette wagen oder sich einfach unters Volk mischen.

Während des Aufenthalts in der Menge können die Helden eine Probe auf *Sinnesschärfe* ablegen. Ist die Probe gelungen, merken sie, dass sich die Gespräche der Umstehenden auf ein Thema zu beschränken scheinen, zwei Morde, die es in den letzten Nächten gegeben haben soll. Immer wieder munkelt jemand etwas vom Hund von Orkendorf. Helden, die nicht aus Orkendorf stammen, und die Legende nicht ohnehin kennen, können sie mit einer *Umschmeicheln*-Probe oder indem sie einen Eilerlikör spendieren, von einem der Umstehenden erfahren.

Bei Bronnja Blitzgeschwind ist keine Probe notwendig, wenn man ihr etwas von ihrem Speisen abkauft.

Nach dem ersten Rennen kommt Gerti auf die Helden zu. Doch sie scheint die allgemeine gute Stimmung nicht zu teilen. Sie hat gegrillte Mäuseköpfe dabei, die sie in einer ruhigen Ecke der Werkstatt mit den Helden teilt.

Sichtlich verstört berichtet sie vom Verschwinden ihrer Schwester Luna, und dass Wollbart, der seit wenigen Nächten verschwunden war, in den frühen Morgenstunden der vergangenen Nacht gefunden wurde. Mit zerfetztem Bauch und ohne innere Organe. Gerti ist ratlos. Sie bittet die Helden um Hilfe, ihre Schwester zu finden, bevor der Mörder auch ihr den Bauch aufschlitzt. Sie selbst hat sich die letzten Tage und Nächte am Ostufer aufgehalten und erst nach dem Verschwinden ihrer Schwester von den Vorfällen erfahren.

Die Helden können nun entweder sofort auf der Rennbahn damit beginnen, herumzufragen, oder anderen Spuren nachgehen. Gerti bietet sich an, den Helden den Ort zu zeigen, wo Wollbart gefunden worden ist. Wollbarts Leiche hat ein alter Freund, der erfahrene Straßenkämpfer *Broco Brocken* (Firunsbärchen, muskulös, raucht Pfeife, siehe **Regelwerk, Seite 31**), mitgenommen. Wahrscheinlich um ihn zu bestatten.

Luna hat sich gern in der Raufbude herumgetrieben, um dort mit stattlichen, jungen Katern anzubändeln. Vielleicht hat dort jemand etwas gesehen.

Die sind nicht tot, die schlafen nur: Die blutrünstige Mordserie lässt sich mit einfachen Kniffen um die blutigen Details erleichtern. Dann könnten die Opfer statt tot zu sein, in einem tiefen Koma liegen. Die Katzen wurden dann von Rolfhards Experimenten nicht getötet, sondern durch Alchimistische Substanzen in einen Tiefschlaf versetzt, aus dem sie nicht allein erwachen können. In diesem Zustand sind sie für Rolfhard nutzlos und er entsorgt sie. Dann müssen die Helden später in Rolfhards Labor einbrechen, um unter seinen Alchimistischen Tinkturen ein Gegenmittel zu finden.

Falls die Helden den Auftrag nicht ohnehin aus freien Stücken annehmen, wird Gerti ihnen ihre gesamte Habe anbieten: sie besitzt drei hübsche Glasmurmeln (je 2), ein paar glänzende Schwanzfedern von Elstern (je 8) und ein besonders weiches Wollknäuel aus Ziegenwolle (5), welches sie von einer Unterflurer Fensterbank stibitzt hat. Alternativ kann sie den Helden auch ihre Dienste als Lehrmeisterin bei der Mäusejagd anbieten. Gerti ist eine passable Mäusejägerin (siehe **Seite 49**).

Gerti wird sich den Helden gern bei den Ermittlungen anschließen, wenn diese sie einladen, sich aber nicht aufdrängen.

Sollten sich die Helden trotz Gertis Angeboten und innigen Bitten nicht auf die Ermittlungen einlassen wollen, oder gar ein Treffen von vornherein abgelehnt haben, wird Gerti allein ermitteln und in dieser Nacht ebenfalls in Rolfhards Falle tappen. In diesem Fall erfahren die Helden durch einen gemeinsamen Freund später von ihrem Verschwinden und greifen dann hoffentlich ein. Gerti kann später im Finale gemeinsam mit ihrer Schwester gerettet werden (siehe **Seite 49**).

Ermittlungen

Der Meister sollte darauf achten, dass im Verlauf des Abenteuers die Augenzeugenbeschreibungen des Hundes von Orkendorf immer widersprüchlicher werden, sodass den Helden nach und nach Zweifel an der Echtheit der Begegnungen kommen. Einziges gleichbleibendes Element ist die Tatsache, dass alle Betroffenen während der Begegnung einen starken Geruch von brennendem Zedernholz wahrgenommen haben, den sie mit Phrasen wie „verbranntes, aber komisches Holz", oder „Rauchgeruch wie aus einem Kamin, aber anders" beschreiben können. Wenn die Helden gezielt fragen, wo sich die einzelnen Begegnungen abgespielt haben, können sie herausfinden, dass alle den Hund einer bestimmten Straße gesichtet haben. Ganz in der Nähe des Bordells Rahjas Gunst.

Den Rest der Nacht können die Helden mit Ermittlungen zubringen. Jeder beteiligte Held kann eine Probe auf *Gassenkunde* ablegen. Pro QS findet der Held einen Zeugen der folgenden Liste. Helden aus Orkendorf erhalten dabei eine Erleichterung von 5.

Für das Herumfragen im Viertel werden einige Beispiel-NSC aufgelistet, mit Aufenthaltsort, Angabe der Probe, die notwendig ist, um Informationen zu erhalten und dem Wissenstand, der jeweiligen Person. Der Aufbau ist immer gleich: **Zeuge,** Kurzbeschreibung / Aufenthaltsort / *Probe* / Information

- **Barnabas Hinkebein**, Müllwühler, zieht das linke Hinterbein nach, eigentlich ein fröhlicher Gesell, hat Angst, auch vom Hund geholt zu werden / im Hinterhof einer Suppenküche / *Umschmeicheln* / hat vor drei Nächten den Hund gesehen, beschreibt ihn als aufgebläht, mit riesigen rotglühenden Augen und dass er den starken Geruch eines fremdartigen verbrannten Holzes wahrgenommen hat
- **Brigit von den Brücken** (siehe **Regelwerk, Seite 31**), Straßenkämpfern, gilt als Vertraute des Dons, leitet die Raufbude, hat keine Zeit für Fremde, lässt nervige Frager aus der Raufbude werfen / Raufbude / *Umschmeicheln*, bei Scheitern werden die Helden von Brigits Schlägern auf die Straße gesetzt / weiß, dass der alte Krätze kurz vor seinem Verschwinden behauptet hat, ein Fremder würde Milchschälchen und Käse in den Straßen Orkendorfs aufstellen
- **Broco Brocken**, gealterter Straßenkämpfer, mürrisch, mag abgebrühte Kämpfer, tut nichts umsonst, hilft nur, wenn die Helden ihm versprechen, Wollbarts Mörder zu fin-

den, raucht ständig Pfeife / Brocos Haus / *Umschmeicheln* -3, erfahrene Straßenkämpfer haben keine Erschwernis / hat Wollbarts Leiche begraben, hat beobachtet, dass Wollbarts Bauch wie von einer Klinge aufgeschlitzt war, Schnitt war zu sauber für eine Tierkralle, vermutet, dass die Tatwaffe eine scharfe Klinge war, hält nichts von den Gerüchten über einen Monsterhund

- **Bronnja Blitzgeschwind**, Tratschtante, alt, aber rüstig / auf der Rennbahn, in den Straßen Orkendorfs / keine Probe notwendig / kennt alle Gerüchte auf der Rennbahn, kennt die Wohnorte fast aller Bewohner Orkendorfs, kannte den alten Krätze aus ihren Jugendtagen, weiß, dass Ruandora Klingentanz sich um die unbekannten Leichen gekümmert hat, weiß auch, dass die stinkende Morres den Geisterhund gesehen hat
- **Die stinkende Morres**, alte Müllwühlerin, grauer Bart, klapprig, verängstigt / in der Nähe eines Abfallhaufens / *Umschmeicheln* +2 oder *Einschüchtern* / hat den Hund sowohl gesehen, als auch gehört, glaubt, dass sein Heulen aus der Erde kam, beschreibt den Hund als riesigen, breiten Schatten der sich aus Nebel geformt hat, beschreibt ebenfalls den Geruch verbrannter Kräuter und eines bestimmten würzigen Holzes
- **Flick Steinschleuderer**, Bastler, halbstark, Waise, himmelt charismatische Heldinnen oder Helden an, bewundert kampferprobte Veteranen / in den Gassen Orkendorfs, an der Seite seines oder seiner Angebeteten, in der Raufbude / *Umschmeicheln*, keine Probe nötig für Katzen mit KK ab 14 / kennt die Legende über den Geisterhund, weiß, dass Mori Narbenohr nicht halb so grimmig ist, wie er aussieht
- **Grim Scharfzahn**, Straßenkämpfer, Mitglied der Sturmstreicherbande, abgeknicktes Ohr, hasst es, wenn man ihn auf Letzteres anspricht / *Umschmeicheln* oder *Einschüchtern* / hat den Hund gesehen und gehört, beschreibt ein Geheul wie aus dem Jenseits, dann tauchte der Hund auf, er war dürr wie ausgehungert, fast schon skelettartig, mit struppigem Fell
- **Jolande Leisetritt**, Dachtänzerin, schreckhaft, hat seit ihrer Vision Angst vor dem Hund / auf dem Dach eines der Häuser in der Königsallee / *Umschmeicheln* oder *Einschüchtern* +2 / hat den Geisterhund nicht gesehen, aber sein Heulen gehört, das im Nebel durch die Gassen hallte, es klang traurig
- **Lissa Flinkpfote**, Tauscherin, macht aus allem ein Geschäft, gerissen, will Entlohnung für jegliche Hilfe / auf der Rennbahn, in der Raufbude / *Umschmeicheln* -5, für je 3 sinkt die Erschwernis um 1 und kann auf diese Weise bis auf null reduziert werden / kennt alle Gerüchte von der Rennbahn, kennt jede Menge Besucher der Raufbude, weiß, dass Grim Scharfzahn den Hund vor zwei Nächten gesehen hat
- **Mori Narbenohr**, sieht grimmig aus, ist aber eigentlich ein ruhiger Gesell, steigt gerne in den Ring und misst sich beim Raufen mit anderen / auf der Rennbahn, in der Raufbude / *Umschmeicheln* -5, wenn man ihm einen Beißer ausgibt / kennt alle Gerüchte auf der Rennbahn, kann den Weg zu Broco Scharfklinge beschreiben, hat den Hund vergangene Nacht gehört, das Heulen habe aber eher erbärmlich als unheimlich geklungen
- **Reikan Schattenläufer** / auf der Rennbahn / keine Probe notwendig / Reikan will mit der ganzen Sache nichts zu tun haben und hat keine Zeit für Gespräche, in denen es nicht um Mäuserennen geht
- **Ruandora Klingentanz**, (siehe **Regelwerk, Seite 31**, Rondratochter, verschlossen, sachlich, weiß um ihre Autorität im Viertel / Ruinen der Arberdan-Brauerei / keine Probe notwendig, wenn die Helden die Absicht kundtun, die Morde aufzuklären, sonst *Umschmeicheln*-Probe / hat sich um die Bestattung der unbekannten Leichen gekümmert, ist wie Broco der Meinung, dass diese Katzen durch eine sehr scharfe Klinge ums Leben kamen und dass ihnen die Organe fachmännisch entnommen wurden, bezweifelt, dass die Opfer sich gewehrt haben, für einen Kampf war der Schnitt zu sauber, weiß außerdem, dass der alte Krätze schon vor Wochen verschwunden war, noch bevor der Geisterhund aufgetaucht ist, sie kennt einige Augenzeugen, den Müllwühler Barnabas Hinkebein und die Dachtänzerin Jolande Leisetritt

Wenn die Helden nicht alle Zeugen auf der Liste abarbeiten, oder nicht alle Begegnungen optimal verlaufen, kann der Meister die Liste der Zeugen beliebig erweitern, die Helden können neben der Rennbahn auch in der Raufbude mit zahlreichen Katzen ins Gespräch kommen. In der Raufbude können sich kampferfahrene Charaktere Respekt verdienen, indem sie in den Ring steigen. Ein Sieg erleichtert alle folgenden *Umschmeicheln*- oder *Einschüchtern*-Proben in der Raufbude um 3, zwei Siege um 5.

Die Befragungen sollten die ganze Nacht und den Folgetag dauern. Am Ende sollten die Helden auf die Tatsache gestoßen sein, dass die Beschreibungen des Hundes stets individuell zu sein scheinen, dass verbranntes Holz damit zu tun hat, und dass sich die Sichtungen im nahen Umkreis einer bestimmten Straße zugetragen haben. Auch das Geheul scheint aus derselben Gegend zu kommen. Sollten die Helden Schwierigkeiten haben, diese Informationen zusammenzutragen, könnten Gerti oder die alte Bronnja den Helden auf die Sprünge helfen.

Eine neue Leiche

In der Folgenacht verschärft sich die Lage, denn eine weitere Leiche wird gefunden. Womöglich sogar von den Helden. Diese haben entweder die richtigen Schlüsse gezogen und sind bereits im fraglichen Gebiet in der Nähe des Bordells auf der Suche nach Hinweisen oder gar einer Begegnung mit dem Geisterhund, oder sie sind unterwegs in den Gassen, um einen Zeugen zu befragen. Falls die Helden sich, durch die Erzählungen eingeschüchtert, bei Nacht gar nicht mehr heraustrauen, kann auch Gerti bei ihnen auftauchen, und ihnen verstört berichten, dass sie eine weitere Leiche gefunden hat.

Andernfalls stolpern die Helden selbst über die Tote.

Auch in dieser Nacht wallt dichter Nebel durch die schmalen Gassen, alle Geräusche klingen dumpfer und verzerrter als üblich. Die Nässe setzt sich unter die Kleidung und ins Fell. Es ist kalt und ungemütlich, der Atem dampft und jeder eilt schnell vorüber, um seine Geschäfte im Warmen zu erledigen. Die Häuser sind dunkel, nur hinter wenigen Fenstern brennt noch Licht. Manche Eingänge sind verrammelt, andere sehen aus, als sei seit Jahren kein Zweibeiner mehr hindurchgegangen. Eine einzige rote Laterne über dem Eingang eines Fachwerkhauses, von dem der Putz bröckelt, erhellt die Gasse.

Angesichts dieser Menschenleere könnte man beinahe glauben, dass Orkendorf den Katzen gehöre, läge da nicht in der dunkelsten Ecke der Straße ein regloser Katzenkörper. Beim Näherkommen riecht ihr deutlich den Blutgeruch.

Die Leiche liegt nur wenige Häuser vom Bordell Rahjas Gunst entfernt im Rinnstein. Es handelt sich um eine den Helden unbekannte Katze. Ein Orkendorfer Held kann das Opfer mit einer hervorragenden *Gassenkunde*-Probe mit 2 QS sogar erkennen. Es handelt sich um einen Schläfer, wie man die nicht erwachten Katzen nennt. Ihr Bauch wurde wie bei den anderen Opfern aufgeschnitten, die inneren Organe fehlen. Sonst weist ihr Körper keine offensichtlichen Verletzungen auf. Um mehr herauszufinden, ist eine *Heilkunde*-Probe notwendig.

Eine gelungene Probe bestätigt die Aussagen Brocos und Ruandoras: Der Bauchschnitt wurde mit einer scharfen Klinge sauber ausgeführt, vermutlich ohne dass es Gegenwehr gegeben hat.

Heilkunde (KL/FF)

- **1 QS:** Die Helden bemerken, dass die Zunge des Opfers dunkelgrün gefärbt ist. Eine Nebenwirkung der betäubenden Tinkturen, die Rolfhard seinen Versuchstieren verabreicht.
- **ab 2 QS:** Die Helden können erkennen, dass der Schnitt posthum zugefügt wurde und dass das Opfer an etwas Anderem verstorben sein muss.

Wenn die Helden den Schauplatz untersuchen, können sie mittels einer *Sinnesschärfe*-Probe bemerken, dass viel zu wenig Blut zu finden ist. Der Mord muss an einem anderen Ort stattgefunden haben.

Sinnesschärfe (KL/IN)

- **1 QS:** Sie können an der Leiche noch einen anderen Geruch als Blut und beginnende Verwesung erschnuppern: schwache Duftspuren eines eigenartigen, stark riechenden Holzes.
- **ab 2 QS:** Sie identifizieren zusätzlich Weihrauch. Dieser Geruch stammt von den Kräutermischungen, die Rolfhard im Labor herstellt.

Gib deinen Spielern genug Zeit, die Untersuchungen vorzunehmen. Noch während die Gruppe die nächsten Schritte abwägt, hören die Helden ein langgezogenes Jaulen.

Vermittels einer Probe auf *Sinnesschärfe* können sie die ungefähre Richtung des Geräuschs ausmachen. Bei mindestens 2 QS lässt sich das Geräusch trotz des Nebels gut lokalisieren: Es scheint seinen Ursprung zwei Straßenzüge weiter zu haben.

Nun kann es passieren, dass deine Spieler Hals über Kopf vor dem vermeintlichen Geisterhund fliehen wollen. Generell solltest du dies nicht mit allen Mitteln unterbinden. Entscheidet sich aber einer der Helden, genauer zu lauschen, oder verharrt die Gruppe erstmal regungslos, wird sich die Aussage von Jolande und Moris bestätigen: das Heulen klingt traurig, sogar verzweifelt.

Rausch und Geistererscheinungen

Wollen die Helden dem Jaulen folgen, werden sie vermutlich den Weg durch die Gasse am Bordell vorbei nehmen. Dann allerdings wird eine Probe auf *Selbstbeherrschung* notwendig.

Falls alle oder ein Großteil der Helden sich der Probe erfolgreich gestellt haben, kannst du direkt zum Absatz **Hundchen in der Grube** (siehe **Seite 44**) übergehen.

Sollte die Probe misslingen, erleidet der betreffende Held eine Halluzination. Es liegt nahe, dass jede Heldin ihre eigene Version des Hunds von Orkendorf sieht, oder aber, je nach Ermessen des Spielleiters, etwas völlig anderes. Der Spielleiter kann diese Szene auch nutzen, um persönliche Konflikte und Geschichten der Helden voranzutreiben. Die Vision sollte in jedem Fall düster und unheimlich sein. Wenn alle Helden den Rauschdämpfen verfallen, kommen sie Stunden später unabhängig voneinander irgendwo in Orkendorf zu sich.

Einer oder mehrere könnten ausgeraubt worden sein, vielleicht hatten sie aber auch Glück und ein alter oder neuer Bekannter hat sie gefunden und vor den schlimmsten Folgen der Besinnungslosigkeit bewahrt. Berauschte Helden können sich später nur noch an die Schreckensvisionen erinnern und daran, intensiven Holzrauch wahrgenommen zu haben. Nach dem Aufwachen erhalten sie in der ersten Stunde 3 Stufen des Zustands *Benommen*. In jeder folgenden Stunde senkt sich die Stufe um 1. Nach drei Stunden ist die *Benommenheit* gänzlich verschwunden.

Helden, die dem Rausch widerstehen und ihre Sinne behalten, bemerken, wie ihre Freunde plötzlich anfangen, zu torkeln und zu lallen. Helden, die noch bei Sinnen sind, können eine *Sinnesschärfe*-Probe ablegen.

Sinnesschärfe (KL/IN)

- **1 QS:** Sie nehmen bewusst den seltsamen Holzrauch wahr, der bereits in Zeugenberichten Erwähnung fand.
- **ab QS 2:** Sie können den Ursprung erschnuppern: ein Fenster des Hauses mit der Roten Laterne.

Eine gute *Pflanzenkunde*-Probe ermöglicht es, einzelne Duftkomponenten der Räuchermischung zu identifizieren. Lorbeer und Weihrauch. Bei 2 QS kann auch der Holzduft zugeordnet werden: es handelt sich um Zeder. Eine Holzart, die in der Stadt nicht wächst.

Wem beim Untersuchen der Leiche eine erfolgreiche *Sinnesschärfe*-Probe gelungen ist, kann kombinieren, dass hier dieselben Kräuter wirken, nur in verräucherter Form.

Da die Helden jedoch auch noch auf ihre berauschten Freunde aufpassen müssen, kannst du die Proben nach eigenem Ermessen erschweren. Alle fünf Minuten werden neue Proben auf *Selbstbeherrschung* -1 fällig. Bei jeder Wiederholung steigt die Erschwernis um 1.

Berauschte Helden kommen langsam zur Ruhe, sobald sie dem Wirkungsbereich der Duftstoffe entkommen, was schon beim Verlassen der Gasse der Fall ist. Einige Minuten später werden die Betroffenen schläfrig, und erleiden schließlich den Status *Schlafend*. Nach zwei Stunden wachen sie mit leichten Kopfschmerzen aber bei klarem Verstand wieder auf.

Eine Bestattung für den Schläfer

Möchten sich die Charaktere um die Leiche kümmern, können sie sie gegebenenfalls selbst beisetzen, oder Mutter Ruandora bitten, es zu tun, woraufhin diese allerdings mürrisch reagiert. Schließlich sei sie kein Totengräber und es müsse sich doch jemand anders finden lassen, der dafür zuständig sei. Trotz des Gemeckers wird sie das Begräbnis übernehmen, doch die Helden sinken in ihrem Ansehen und nun wird für jede weitere Interaktion eine *Umschmeicheln*-Probe nötig.

DAS HAUS DER ROTEN LATERNE

Wollen die Helden das Bordell untersuchen, sollten sie es am besten bei Tag oder in den frühen Morgenstunden tun, wenn die Aktivität und auch der Einsatz der Räuchermischungen soweit nachlässt, dass sich Katzen dem Haus unbedenklich nähern können.

Spähen die Helden bei Tag durch die vergilbten Fenster des zweistöckigen Fachwerkbaus, eröffnet sich ihnen folgende Szene.

Ihr blickt in kleine Zimmer, in denen sich die Bewohner des Hauses aufhalten. Bei Nacht scheinen sie ja viel Besuch zu bekommen, aber bei Tag gehen die Menschen ganz gewöhnlichen Aktivitäten nach: sie schlafen, essen, putzen die Zimmer oder unterhalten sich. Die Räume sind ungewöhnlich eingerichtet. Auf abgenutzten Wandteppichen sind nicht nur fremdartige Bäume abgebildet, sondern auch jene bunten Vögel, deren Federn so begehrt sind und andere seltsame Tiere. Vergilbte Wandmalereien zeigen füllige Männer und Frauen, die offenbar keine Kleidung mögen und gerne Trauben auf Silbertabletts herumschleppen, oder auf eigenartig geformten Sitzmöbeln herumliegen.

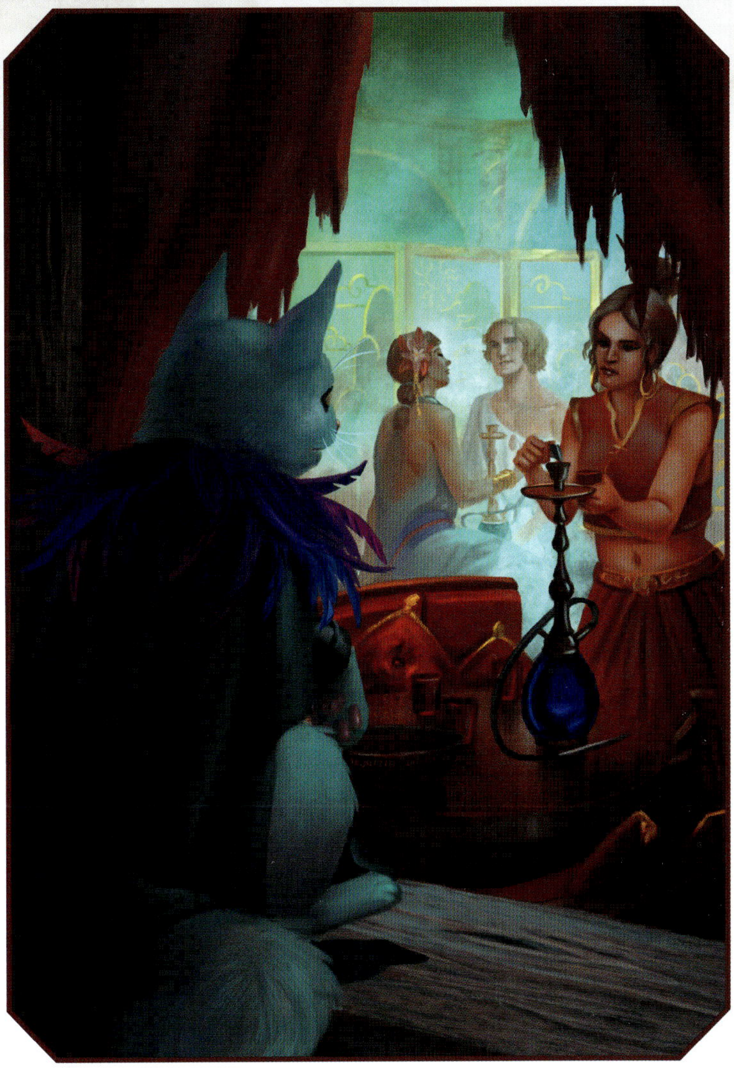

Aus dem Fenster dringt noch schwach der Duft der Rauchkräuter. Aber inzwischen in so schwacher Dosis, dass sie keine Wirkung mehr haben.
Wollen die Helden das Haus von innen untersuchen, so finden sie über ein geöffnetes Fenster im zweiten Obergeschoss Zugang. Um dorthin zu gelangen, ist eine *Körperbeherrschung*-Probe notwendig. Bei einem Misserfolg muss der Held auf einem Sims ausruhen, darf den Wurf aber wiederholen.

Im Inneren angelangt

Haben die Helden den rettenden Fenstersims erreicht, können sie ins Gebäude schlüpfen. Die Zimmer im Obergeschoss sind kleiner als die Räumlichkeiten im Erdgeschoss. Es handelt sich um die Schlafräume der Freudenmädchen und Lustknaben. Wenn der Meister es den Helden schwer machen möchte, hält sich ein Mensch in dem Zimmer auf. Lassen die Helden Vorsicht walten und spähen zunächst das Zimmer aus, bevor sie es betreten, können sie warten, bis der Mensch den Raum verlässt. Andernfalls sind Proben auf *Verbergen* fällig. Bei Gelingen können sich die Helden rechtzeitig verstecken, beispielsweise unter dem Bett. Bei einem Misserfolg dreht sich der Mensch um – es handelt sich um ein männliches Exemplar mittleren Alters – und beginnt schallend zu lachen. Die Helden haben Glück, der Lustknabe hält die eingekleideten Katzen für einen Scherz seiner Freunde. Er läuft aus dem Zimmer, um nach der restlichen Belegschaft zu rufen. Diese Zeit nutzen die Helden hoffentlich, um sich abzusetzen.

Die Erkundung des Hauses kann der Meister frei gestalten. Es halten sich neben der Bordellmutter acht Angestellte, fünf Frauen und drei Männer, im Haus auf. Einige schlafen, reparieren Kleidung oder schwatzen. Der Meister kann beliebig viele Proben auf *Verbergen* abfordern, sollte es den Helden aber nicht zu schwermachen, den von ihrer Nachtschicht müden Menschen zu auszuweichen. Kreative Ideen, wie zum Beispiel das Schaffen von Ablenkungen, sollten mit Erleichterungen belohnt werden.

Die Kräutermischung

Mit einer gelungenen Probe auf *Sinnesschärfe* können die Helden die Duftspur der Räucherwerksingredienzien aufnehmen und ihr in die Küche folgen, wo die Räuchermischungen in kleinen Leinenbeutelchen abgefüllt im Küchenregal lagern. In der Küche halten sich verhältnismäßig häufig Menschen auf, manche bereiten Essen oder Getränke zu, andere stehen dort nur herum und plaudern, daher erfordert ein Diebstahl der Kräuter eine Probe auf *Verbergen* -4.
Wenn es den Helden gelingt, die Kräutersäckchen zu entwenden oder zu vernichten, werden die Sichtungen des Geisterhunds in der Folgenacht aufhören. Legen die Helden eine erfolgreiche Probe auf *Menschenkunde* ab, erkennen sie, dass in der einfach eingerichteten Küche keine Werkzeuge

zur Herstellung einer solchen Kräutermischung bereitstehen. So ist beispielsweise kein Mörser vorhanden. Die Kräuter müssen also aus einer anderen Quelle stammen. Zumal eine Probe auf *Pflanzenkunde* verrät, dass keine der Zutaten in der einheimischen Flora vorkommt.

Haben die Helden mindestens ein Kräutersäckchen an sich gebracht und bereits Bertrams Sympathie gewonnen (siehe Hundchen in der Grube, **Seite 44**), so kann Bertram die Spur der Säckchen erschnüffeln und zu Rolfhards Labor zurückverfolgen. Der Meister kann dann direkt zum Finalabschnitt **Das Labor von Orkendorf** (siehe **Seite 46**) übergehen.

Die Helden sollten ihre Nasen nicht zu tief in den Kräutersack stecken, da ihnen sonst wieder ein möglicher Rausch bevorsteht. Zwar haben die Kräuter unverbrannt nicht die gleiche extreme Wirkung wie der Rauch, aber benommen machen sie dennoch. Falls also ein Held mehr als zwei Mal ausgiebig an dem Beutel schnüffelt, wird wieder eine Probe auf *Selbstbeherrschung* fällig. Bei Nichtbestehen unterliegt er für die nächste Stunde zwei Stufen des Zustands *Betäubung*.

Bertram, und Hunde im Allgemeinen, sind immun gegen die Wirkung.

HUNDCHEN IN DER GRUBE

Folgen die Helden Bertrams Jaulen direkt nach dem Leichenfund, und vermeiden dabei die Dämpfe des Bordells, indem sie beispielsweise über die Dächer der gegenüberliegenden Häuserreihe laufen, können sie mithilfe einer Probe auf *Orientieren* -2 den Ursprung des Geheuls ausfindig machen.

Hatte einer der Helden beim Erstkontakt mit dem Jaulen bei der *Sinnesschärfe*-Probe zwei QS erreicht, entfällt der Probewurf, da der Held bereits weiß, wo er hin muss.

Der Hund heult in unregelmäßigen Abständen. Nur wird sein Geheul tagsüber durch den Hintergrundlärm der Stadt nicht wahrgenommen, darum ist ihm auch noch niemand zu Hilfe gekommen. Halten sich die Helden hier gerade tagsüber auf, da sie zu einem späteren Zeitpunkt zurückkehren wollten, sind Proben auf *Sinnesschärfe* diesbezüglich um 3 erschwert.

Betreten die Helden das Erdgeschoss des Hauses, erkennen sie unschwer das Loch im Boden und können in der Dunkelheit des Kellers Bertram atmen hören.

In einem alten, verstaubten Kellerraum sitzt ein junger Schwarzer Olporter. Der Hund wirkt kraftlos und ausgezehrt, die Lefzen sind eingefallen, seine Rippen treten stark hervor. Mit einer Probe auf *Heilkunde* lässt sich selbst aus der Distanz erkennen, dass das Tier völlig ausgehungert aussieht. Es ist offensichtlich durch den Durchbruch in den Keller gestürzt.

Die Helden werden nun hoffentlich versuchen, Bertram zu retten. Alternativ können sie auch zu dem Schluss kommen, dass Bertram etwas mit dem Geisterhund zu tun hat und greifen den Olporter an. Er hat gegen Fernkampfangriffe kaum Chancen, da in dem leeren Raum keine Deckung vorhanden ist. Wird er mit Steinen oder Ähnlichem beworfen, winselt er unterwürfig. Spätestens jetzt sollte den Helden klar werden, dass dieser Hund keine Bedrohung darstellt.

Wenn die Katzen sich friedlich verhalten und sich Bertram zu erkennen geben, wird er schwanzwedelnd und aufgeregt Männchen machen, in der stummen Hoffnung, sie könnten ihn aus seiner Lage befreien. Mutige Katzen, die zu ihm herunterklettern, wird er mit rotierendem Schwanz beschnüffeln. Geben sie ihm Wasser oder füttern sie ihn, haben sie einen Freund fürs Leben gewonnen. Er trinkt und frisst begierig alles Essbare, das man ihm gibt.

Nach seiner Zwangsdiät ist Bertram nicht mehr so schwer wie normal genährte Exemplare seiner Rasse, aber ihn aus dem Keller zu schaffen dürfte dennoch nicht ganz leicht werden, da er nicht klettern kann.

Wir schaffen ihn hier raus ... aber wie?

Nun ist die Kreativität der Helden gefragt. Der leichteste Weg dürfte der Bau einer Rampe sein, die zum Kellerfenster führt, durch das sich der abgemagerte Hund mit Hilfe seiner neuen Freunde zwängen könnte.

Die Rampe lässt sich aus dem Schutt des Durchbruchs und den Resten einer eingestürzten Werkbank bauen, die sich im hinteren Teil des Kellers befindet. Dazu ist eine Probe auf *Friemeln* -3 oder *Basteln* erforderlich. Ebenso müssen die Bretter vor dem Kellerfenster entfernt werden, wozu eine Probe auf *Kraftakt* nötig wird.

Ist die Probe gelungen, müssen die Helden den ängstlichen Bertram überreden, auf die wackelige Rampe zu gehen. Eine Probe auf *Tierkunde* ist gefragt. Diese ist allerdings Dank Bertrams Wunsch nach Freiheit um 3 erleichtert. Haben die Helden Bertram zuvor gefüttert, sogar um 6.

Steht Bertram schließlich wieder auf der Straße, scheint er sein Glück kaum fassen zu können. Er läuft seinen Rettern schwanzwedelnd hinterher,

sofern diese ihn nicht wegjagen. Wenn die Helden möchten, wird Bertram sie im weiteren Verlauf des Abenteuers begleiten. Dabei zeigt er deutlich Zuneigung zu Helden, die ihn gefüttert haben, oder zum charismatischsten Helden der Gruppe.
Schicken die Helden Bertram energisch genug weg, lässt er sich schließlich abwimmeln, dann trottet er zurück nach Nalleshof und spielt im weiteren Abenteuerverlauf keine Rolle mehr. In diesem Fall wird er den Helden im Endkampf gegen Lutz nicht beistehen.

IN DER SACKGASSE

Die Untersuchung des Bordells in Kombination mit der Befreiung von Bertram kann die Helden bereits direkt zum Labor führen, aber nur unter sehr günstigen Umständen. Haben die Spieler Bertram dabei und die Leiche der namenlosen Katze noch nicht begraben, können die Helden auch hier die Nase ihres neuen Freundes einsetzen: Lassen sie Bertram an der Leiche schnüffeln, wird der noch immer hungrige Olporter zwar versucht sein, sie anzuknabbern, kann aber vermittels einer Probe auf *Tierkunde* oder einer anderen Leckerei davon abgehalten werden. Danach kann er die Spur aufnehmen und zum Labor zurückverfolgen.

Den Helden auf die Sprünge helfen

Sollten die Helden sowohl die Begegnung mit Bertram als auch den Bordellbesuch abgeschlossen haben, aber noch immer ratlos sein, kann der Meister sie in der Folgenacht nach dem Leichenfund auf die Spur des Alchimisten bringen.
Patrouillieren die Charaktere durch die Gassen in der Nähe des Bordells, können sie in einer Sackgasse, die in den Innenhof zwischen drei Häusern mündet, den Duft von Milch und Käse erschnuppern. Helden, die mit Brigit von den Brücken gesprochen haben, können sich daran erinnern, dass Krätze kurz vor seinem Verschwinden von einem Fremden berichtet hatte, der Milchschälchen und Käsehäppchen in Orkendorf aufstellt.
Im Innenhof steht unter den entlaubten Zweigen eines kümmerlichen Apfelbäumchens ein Milchschrein: Eine offene Kiste enthält ein Schälchen mit Milch und ein Schüsselchen mit Käse.
Lassen die Helden Vorsicht walten und nähern sich den verlockenden Häppchen bedächtig, können sie mit Hilfe von *Sinnesschärfe* entdecken, dass etwas mit dem Milchschälchen nicht stimmt. Proben auf *Basteln* helfen, die Falle zu entdecken: der Kistenboden enthält eine Druckplatte, die ausgelöst wird, wenn man sich zum Fressen hinsetzt. Lösen die Helden die Druckplatte vorsichtig aus, zum Beispiel mit einem Stock, können sie beobachten wie ein im Inneren angewinkelter Kistendeckel zuknallt und die Öffnung verschließt.
Sollten die Helden auf alle Vorsicht verzichtet und vielleicht sogar ein Wettrennen um die Leckereien veranstaltet haben, wird der Sieger in der Kiste landen. Es obliegt dann seinen Kameraden, ihn dort herauszuholen. Oder aber ihn als Lockvogel dort sitzen zu lassen. Dann können sie sich im Hof verstecken und auf den Fallensteller warten.
Sollten die Helden Bertram beim Futter den Vortritt gelassen haben, schnappt die Falle ebenfalls zu, kann aber den großen Olporter nicht vollständig einfangen. Bertram wird eingeklemmt und steckt nun halb in der Kiste. Vom Weiteressen wird es den Hund aber nicht abhalten.
Die Taktik des Lauerns funktioniert auch ohne Lockvogel oder wenn die Kiste zerstört wurde.
Denn im Laufe der Nacht kommt Rolfhard auf der Suche nach einem neuen Opfer vorbei. Findet er in der Kiste eine Katze vor, nimmt er sie mit in sein Labor. Findet er keine Katze vor, wird er schulterzuckend wieder gehen.
In jedem Fall wird er versteckte Katzen nicht bemerken, gegebenenfalls seine Falle neu aufstellen und schlurfenden Schrittes wieder ins Labor zurückkehren. Es ist das Haus am Ende des Hofs.

Hatten die Helden zuvor Zeit, den Innenhof zu untersuchen, kann ihnen mit einer gelungenen *Sinnesschärfe*-Probe der inzwischen wahrscheinlich vertraute Geruch der Kräutermischung auffallen, der aus dem Keller eines angrenzenden Hauses dringt. Oder sie riechen den Gestank von Angst, der in der Luft liegt.
In diesem Fall können die Helden das Labor aufsuchen, ohne Rolfhard begegnet zu sein. Folgen die Helden Rolfhard, ist er im Haus, ansonsten ist seine Anwesenheit abhängig von der Tageszeit. Rolfhard arbeitet meist in den frühen Morgenstunden, weil er fürchtet, dass bei Tag jemand seinen Experimenten auf die Schliche kommen könnte und ihn die Nachbarschaft dann entweder für verrückt erklärt, oder ihm seine eingebildeten Forschungsergebnisse stielt. Er verbringt den Vormittag meist schlafend in seiner Kammer im Erdgeschoss. Nachmittags macht er Besorgungen und liefert Waren aus, am Abend kehrt er in Tavernen ein oder besucht das Bordell. Gegen Mitternacht klappert er seine Fallen ab, dann geht er an die Arbeit. Die Helden können diesen Rhythmus leicht herausfinden, wenn sie den Alchimisten 24 Stunden lang beschatten.

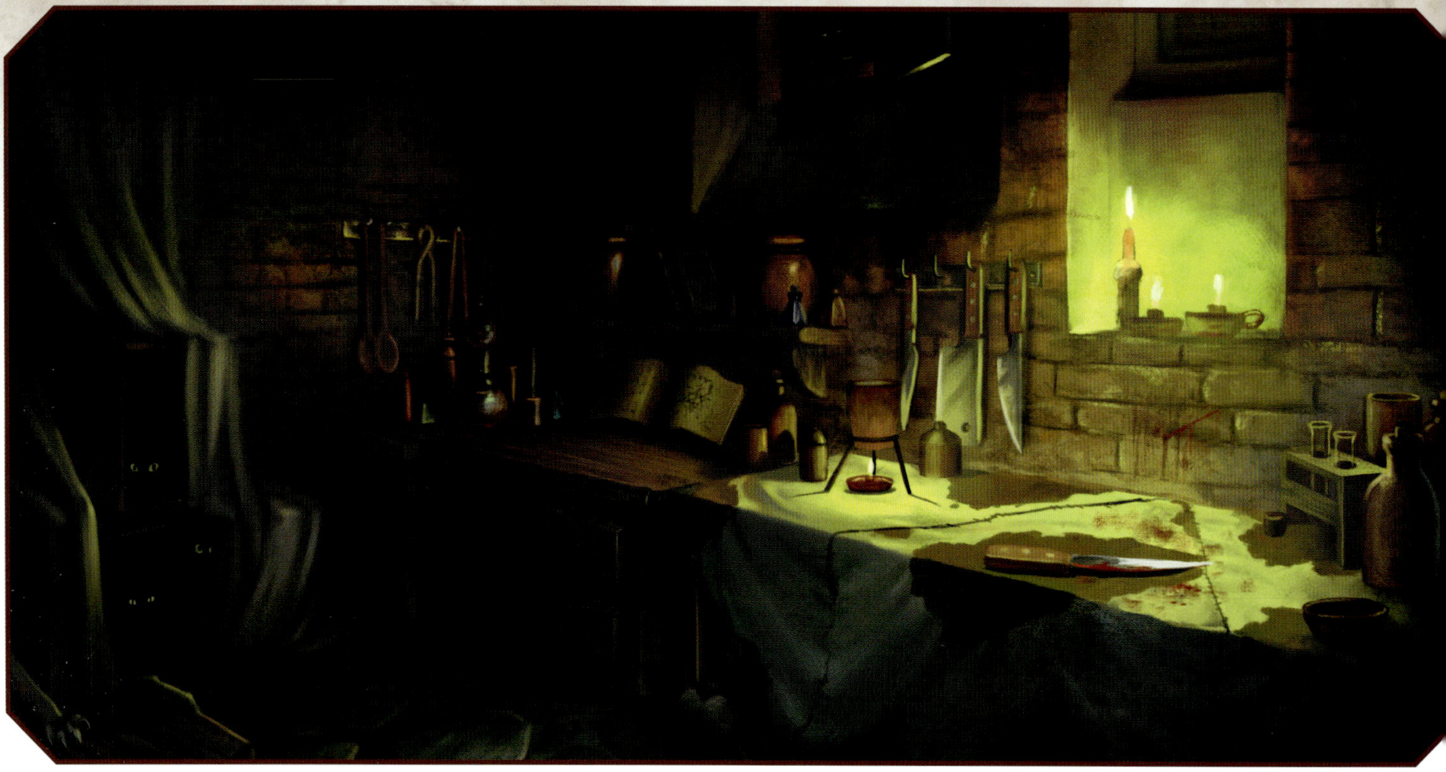

DAS LABOR VOM ORKENDORF

Der folgenden Abschnitt wird stark vom bisherigen Verlauf des Abenteuers beeinflusst. Es kann für die finale Konfrontation einen großen Unterschied ausmachen, ob Rolfhard im Haus ist, oder ob die Gruppe Bertram dabei hat.

Der menschliche Alchimist

Ist Rolfhard anwesend und hat sich beispielsweise schlafen gelegt, ist es für die Helden relativ leicht, das Haus zu erkunden. Das klappt allerdings nur, solange Rolfhard schläft und die Helden ihn nicht aufwecken, beispielsweise durch einen Kampf mit dem Wächter des Labors.

Wird Rolfhard durch Lärm geweckt, wird er mit einem Knüppel bewaffnet in den Endkampf platzen. Allerdings stößt er beim Anblick intelligent agierender, bekleideter Katzen ein hysterisches Lachen aus und flieht. Er glaubt, dass die Geister der von ihm getöteten Katzen zurückgekommen sind, um sich an ihm zu rächen.

Eine ähnliche Szene spielt sich ab, wenn Rolfhard sich initial im Labor befindet und die Helden entdeckt, nur rafft er dann noch einige Wertgegenstände, unter anderem seine kostbaren Forschungsunterlagen, an sich, während er Lutz auf die Eindringlinge hetzt. Er selbst versucht in jedem Fall zu fliehen. Diese Katzen sind ihm zu unheimlich.

Das Szenario geht davon aus, dass es den Helden gelingt, sich von Rolfhard unbemerkt ins Labor zu schleichen.

Der Weg in den Keller

Solange Rolfhard nicht direkt in der Nähe weilt und die Helden nicht gerade Lärm machen, sind im Erdgeschoss des Hauses keine Proben auf *Verbergen* notwendig. Das Labor liegt im Keller, man kann durch ein Kellerfenster oder eine Kohlenklappe hineingelangen, aber beide wurden mit Teer abgedichtet. Dadurch ist es nicht möglich, von draußen ins Innere des Kellers zu spähen.

Im Hausinneren kann man durch die verschlossene Kellertür ins Labor gelangen.

Um den Riegel des Fensters zu öffnen und die Teerschicht zu lösen, die von innen darauf geschmiert wurde, ist eine um Probe auf *Friemeln -2* nötig, um die verschlossene Tür zu öffnen, eine Probe auf *Basteln -3*.

Der Keller wurde aus roten Ziegeln gemauert. Beleuchtet wird der Raum von Talgkerzen auf dem Sims des Kellerfensters und einer Öllampe, die in einem Stövchen auf einem Arbeitstisch steht. Die Talgkerzen sind allerdings nur angezündet, wenn sich Rolfhard im Labor aufhält. Das Stövchen ist immer an.

Unter dem Kellerfenster und der Kohlenkappe steht ein großer Arbeitstisch neben einer Werkbank. Beide zusammen füllen die gesamte Wandlänge aus. Darauf befinden sich allerlei alchimistische Apparaturen, wie zum Beispiel ein Alambik, oder ein Topf auf dem Stövchen, das mit der Öllampe beheizt wird. Die Lichtmenge des Öllämpchens reicht für Katzenaugen aus, um sich zu orientieren. In dem Topf brodelt eine Flüssigkeit. Zahlreiche Töpfe, Flaschen und Tiegel stapeln sich auf der Werkbank.

Über der Werkbank, unter der Kohlenklappe, hängt ein schmales Wandregal, auf dem Werkzeuge wie Haken, Kratzer, Löffel, Phiolen und Tonkrüge, sowie ein paar ledergebundene Bücher lagern.

Auf dem Arbeitstisch liegt eine Art Tischdecke aus stabilem Leder, bei der es sich tatsächlich um zwei zusammengenähte Kuhhäute handelt. Die Decke reicht bis auf den Boden. Ein blutiges Seziermesser liegt auf dem Tisch.

An einer schmalen Wandseite stehen zwölf übereinandergestapelte Käfige. Sie erinnern an enge Kaninchenställe. In sechs davon sind apathisch wirkende Möwen eingesperrt, in den anderen sechs finden sich Katzen. Eine davon ist Luna. Sie wirkt benommen.

Lutz, der Wächter des Labors

Bei einer gelungenen Probe auf *Sinnesschärfe* können die Helden eine Hundeschnauze entdecken, die unter der Tischdecke hervorlugt. Dann erleiden sie nicht den Status *Überrascht* wenn Lutz angreift. Lutz stürzt sich auf die Helden, sobald diese auf wenige Schritt an sein Versteck herangekommen sind. Sein Hundegeruch ist trotz seiner Größe erstaunlich schwach. Lutz geht taktisch vor und pickt sich für seinen Überraschungsangriff diejenige Katze aus, die er für besonders schwach hält. Oder für besonders gefährlich, wie zum Beispiel ein Ahnenkind, das übernatürliche Gaben anwenden könnte. Lutz' Werte sind im Anhang zu finden (siehe **Seite** 49).

Den Helden steht im Labor jede Menge Ausrüstung zur Verfügung, mit der sie sich gegen Lutz zur Wehr setzen können.

AUFRÄUMARBEITEN

Haben die Helden Lutz im Kampf besiegt, können sie unbehelligt eine Verschnaufpause einlegen, um ihre Wunden zu lecken, Luna und die anderen Katzen zu befreien oder das Labor näher zu untersuchen. Falls die Helden die Möwen befreien, bevor sie das Fenster oder die Kohlenklappe geöffnet haben, führt das zu einer bewegten Szene, in der sowohl die Einrichtung des Labors als auch die Helden möglicherweise Schaden nehmen.

Ist das Fenster offen, entfliehen die Möwen schnell ins Freie. Alternativ kann die Gruppe die Möwen in den Käfigen lassen und für den Eigengebrauch mitnehmen.

Die befreiten Katzen sind wie Luna benommen und verwirrt, Luna kann ihre Apathie jedoch abschütteln, wenn die Helden ihr gut zureden und sie ins Freie bringen.

Dennoch ist sie sichtlich verstört. Sie spricht mit zitternder Stimme, phasenweise flüstert sie. Immerhin hat sie mit ansehen müssen, wie Wollbart starb und auf dem Arbeitstisch seziert wurde. Ihr Entsetzen darüber kann sie kaum in Worte fassen. Am liebsten möchte sie mit Gerti zum Ostufer, zu den ruhigen, friedlichen Feldern und Gärten.

Sie weiß zu berichten, dass ihr menschlicher Peiniger die Katzen und Möwen mit Beruhigungstränken gefügig und friedlich gemacht hat. Sie selbst hat seit ihrer Entführung kaum gegessen.

Luna dankt den Helden schüchtern, Gerti dafür umso überschwänglicher, sobald sie mit ihrer Schwester vereint wird. Wurde eine Belohnung ausgemacht, wird Gerti ihre Schuld ohne Zögern begleichen. Hatten die Helden keine Belohnung vereinbart, schenkt sie ihnen zum Dank dennoch das Wollknäuel. Es ist weiß und überaus flauschig.

Bei einer Durchsuchung des Labors fördern die Helden dieselben Zutaten zutage, die in den Räuchermischungen vorkommen, ebenso finden sie an den Werkzeugen Spuren der Verarbeitung, falls sie diesen Beweis noch gebraucht haben.

Ende gut, alles gut?

Inzwischen dürfte ihnen klar sein, dass sie Rolfhard daran hindern müssen, weitere Experimente an Tieren durchzuführen und die Räuchermischungen zu verkaufen. Nun können sie zum Beispiel beschließen, Rolfhard seiner gerechten Strafe zuzuführen. Aber mindestens genauso effektiv ist es, das Labor zu vernichten.

Kommen die Helden auf die Idee, ein Feuer zu legen, um alles niederzubrennen, kann der Meister sie nach einer bestandenen Probe auf *Klugheit* freundlich daran erinnern, dass das in einer Stadt voller Fachwerkhäuser keine so gute Idee ist. Zumal Helden, die es dennoch versuchen, feststellen werden, dass viele Gegenstände im Labor Alchimistisch so behandelt wurden, dass sie nur schwer entflammbar sind.

Bei einer gelungenen Probe auf *Menschenkunde* können die Helden auf die Idee kommen, dass den Bastlern und Köchen unter den Großnasen ihre seltsamen Kritzeleien auf Papier sehr wichtig sind. Die Bücher und Aufzeichnungen zu entwenden oder zu vernichten, ist ein ebenso effektiver Ansatz wie das Zerstören der Zutaten und Paraphernalia. Rolfhard hat noch die Vorräte seines Vorgängers genutzt, an die seltenen und teuren Ingredienzen kommt er nicht mehr ohne Weiteres heran. Findet er später sein Labor geplündert vor, läuft er eine Weile lamentierend und jammernd im Haus hin und her. Dann stopft er Dinge aus Silber, wie kleine Tiegel, Kerzenleuchter oder Gewürzschatullen, sowie einige verbliebene Werkzeuge in einen großen Sack und verlässt das Haus, leise vor sich hinmurmelnd. Dann versetzt er gleich einen der Gegenstände, um sich in der nächsten Kneipe volllaufen zu lassen. Wenn er wieder nüchtern ist, verlässt er die Stadt, um woanders sein Glück zu suchen.

Auch wenn Rolfhard den Kampf im Labor mitbekommen hat, wird er Havena schnellstmöglich den Rücken kehren. Dann aber weniger aus Frust, sondern aus Angst vor den verrückten, rächenden Katzen. Eine Geschichte, die er niemandem erzählen kann, denn niemand würde sie ihm glauben.

Sollten die Helden Rolfhard folgen wollen, um ihn doch noch den Garaus zu machen oder ihm seine geretteten Forschungsunterlagen abzunehmen, ergibt sich daraus sicher Stoff für ein weiteres Abenteuer.

Sobald die Helden das Labor verlassen, entscheidet Bertram, so er nicht im Kampf gefallen ist, dass es nun an der Zeit ist, nach Hause zu gehen. Er schlotzt allen Helden, die nicht schnell genug aus dem Weg springen, noch einmal freundschaftlich übers Gesicht, dann trottet er nach Nalleshof, wo ihn sein Mensch überschwänglich begrüßt.

Haben die Helden sowohl das Problem der Räuchermischungen als auch der Entführungen gelöst, wird wenige Tage später Ruandora plötzlich vor ihnen stehen. Sie bedankt sich stellvertretend für all die Egoisten, die es nicht tun werden, bei den Helden für die Rettung aller Katzen Orkendorfs. Außerdem bietet sie Helden, die der Ahnmutter Rondra nahestehen, an, sie im Kampf zu unterrichten, so sie dies wünschen.

ERFAHRUNG

Die Aufklärung des Mordes bringt den Helden **15 AP** ein, Bertrams Rettung zusätzlich **5 AP**, die Erforschung des Bordells mit anschließender Vernichtung der Räuchermischungen ebenfalls **5 AP**.

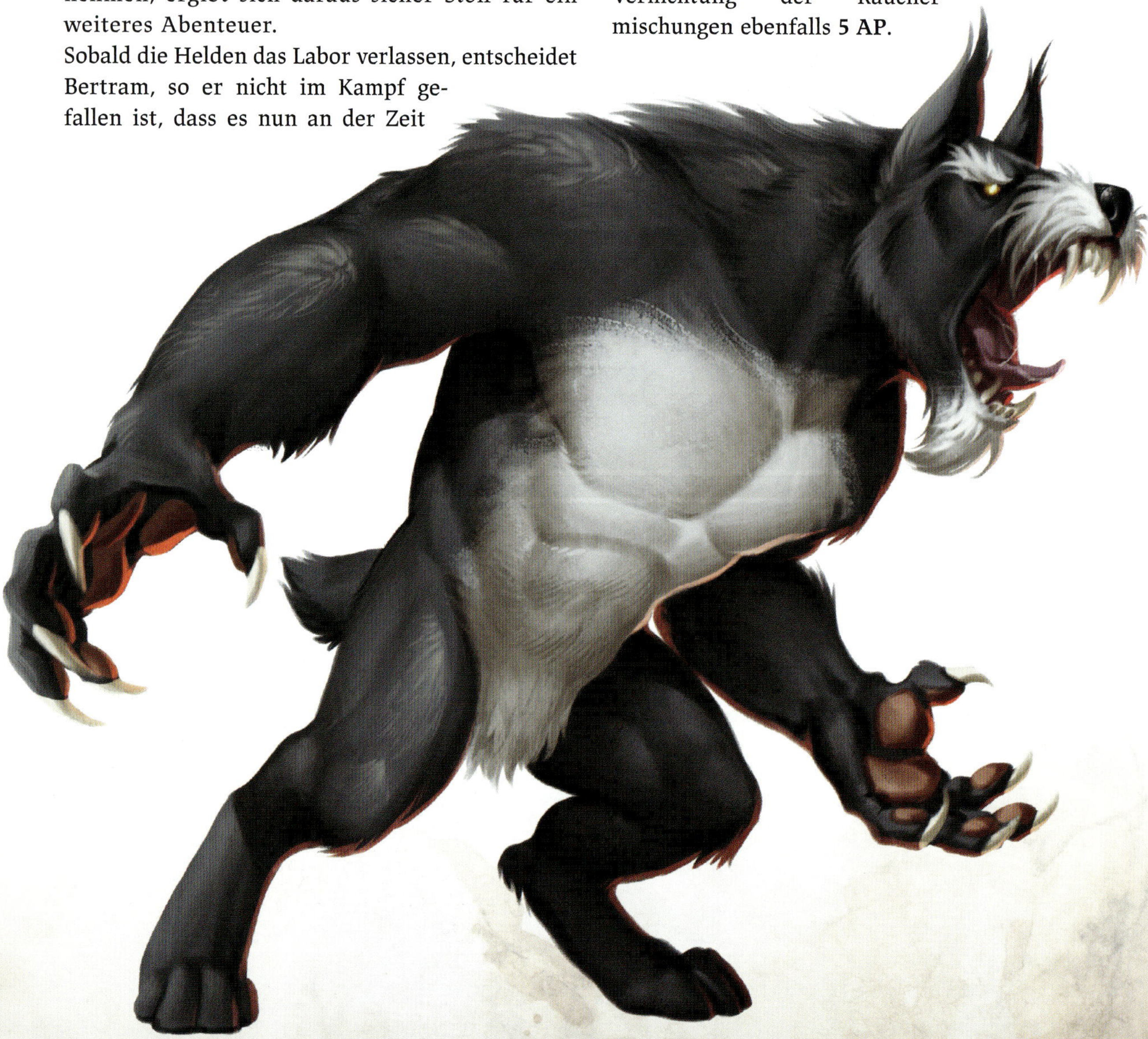